轨道交通职业教育“十四五”中俄双语国际化教材

俄语
交通运输工作情境实践

主　编　赵建成
副主编　刘宏伟　张　茜　郜　倩
　　　　乔　聪　曲雪平
参　编　王亚晴　张　岩　翟　月
主　审　陈长在

西南交通大学出版社
·成　都·

图书在版编目（CIP）数据

俄语交通运输工作情境实践 / 赵建成主编. —成都：西南交通大学出版社，2022.1（2025.1 重印）
ISBN 978-7-5643-8590-3

Ⅰ. ①俄… Ⅱ. ①赵… Ⅲ. ①交通运输 – 俄语 – 高等职业教育 – 教材 Ⅳ. ①U

中国版本图书馆 CIP 数据核字（2022）第 017469 号

Eyu jiaotong Yunshu gongzuo Qingjing Shijian

俄语交通运输工作情境实践

主编　赵建成

责任编辑　张华敏
特邀编辑　唐建明　杨开春　陈正余
封面设计　原谋书装

出版发行　西南交通大学出版社
（四川省成都市金牛区二环路北一段 111 号
西南交通大学创新大厦 21 楼）
邮政编码　610031
发行部电话　028-87600564　028-87600533
官网　http://www.xnjdcbs.com
印刷　四川玖艺呈现印刷有限公司

成品尺寸　185 mm × 260 mm
印张　14.75
字数　475 千
版次　2022 年 1 月第 1 版
印次　2025 年 1 月第 4 次
定价　52.00 元
书号　ISBN 978-7-5643-8590-3

轨道交通职业教育“十四五”中俄双语国际化教材
编写委员会

序

“十四五”期间，我国经济社会发展将“以推动高质量发展为主题”“加快构建国内大循环为主体、国内国际双循环相互促进的新发展格局”。职业教育是我国高等教育的重要组成部分，肩负着服务国家战略、促进高质量发展的重任。伴随着“一带一路”倡议背景下的国际产能合作，职业教育迎来了前所未有的发展机遇。2019 年《国家职业教育改革实施方案》《中国教育现代化 2035》和《关于实施中国特色高水平高职学校和专业建设计划的意见》相继出台，“建设一批引领改革、支撑发展、中国特色、世界水平的高等职业学校和骨干专业群”“培养具有国际视野、通晓国际规则、能够参与国际事务和国际竞争的高素质技术技能人才”成为未来一段时期指引我国职业教育改革发展的纲领性目标。

新目标开启新征程。在新的历史机遇期，职业院校应全面对标时代发展新要求，主动承担职业教育历史使命，积极扩大对外交流合作，吸收借鉴国际先进理念，开发建设一批原创性的国际化教学标准和教学资源，为打造技术技能人才培养高地、开创高质量发展新局面作出重要贡献。在此背景下，2021 年郑州铁路职业技术学院联合国内陕西铁路工程职业技术学院、山东职业学院、哈尔滨铁道职业技术学院、西安铁路职业技术学院、吉林铁道职业技术学院和欧亚国际协会，汇集骨干力量，面向国内中俄合作办学项目，开发了一系列活页式中俄双语教材，共涉及 6 个专业 21 门课程。

本系列教材在编写过程中紧扣“活页式、模块化、创新性”的编写理念，充分反映了近年来职业院校在“三教改革”方面取得的丰硕成果，在内容和形式方面具有以下鲜明特征：

一、教材内容吸纳了行业发展的新知识、新技术、新工艺、新方法，全面反映了岗位实际需求和课程建设成果，充分体现了产教融合的教学特点，符合“教”“学”

"做"一体化的授课要求。

二、教材聚焦专业核心能力和职业综合素质的培养，内容采用模块化设计，按照"基础模块、职业模块和拓展模块"的结构进行编排，既有利于教师抓住重点组织课堂教学，也有利于学生课下进行自主学习。

三、教材内容取材广泛，视野宽阔。除了围绕我国铁路技术开展主体教学外，还吸收融合了国外优质教学资源，广泛介绍了"一带一路"沿线俄语国家当前采用的铁路设备和相关技术，为学生将来从事跨国就业奠定坚实的基础。

四、本套教材除了纸质版外，还配套开发了大量数字教学资源，可供学生自主下载学习。

本系列教材在编写和审定过程中，得到了俄罗斯交通大学、圣彼得堡国立交通大学、乌拉尔国立交通大学、西南交通大学出版社和欧亚国际协会的大力支持和帮助，在此深表感谢！编写期间相关人员参考了大量国内外专业书籍和教材，在此一并向有关作者致以谢意。

在本系列教材的编写过程中，全体编写人员本着高度负责的态度，克服了许多困难，几易其稿，但因经验不足，时间仓促，不足及错漏之处在所难免。若有关师生在使用过程中发现问题，恳请提出宝贵意见和建议，以冀再版时加以改进与完善。

2021 年 8 月

前　言

在"一带一路"倡议背景下，我国对国际化人才的需求日益增长，尤其是随着中国铁路"走出去"步伐不断加快，急需高等职业院校培养一批国际化"俄语+"复合型技能人才，以全面提升境外服务能力。因此，高职教育国际化与复合化成为一种发展趋势。

《中国教育现代化 2035》强调要推进"一带一路"教育行动，中外合作办学成为目前高等教育国际化的重要形式之一。为深入贯彻国务院印发的《关于做好新时期教育对外开放工作的若干意见》《国家职业教育改革实施方案》等有关文件精神，落实教育部提出的教师、教材、教法的"三教改革"重要举措，根据全国高等职业院校教学实际，我们编写了这本活页式俄语教材《俄语交通运输工作情境实践》。

本教材采取中俄双语对照的形式编写，按照项目引领、任务驱动的模式展开教学内容。本教材设置了 3 大项目，共 16 个任务，分别是：

项目一：铁路运输工作情境篇。包含任务一（售票服务）、任务二（站内服务）、任务三（安检服务）、任务四（乘车服务）、任务五（应急服务）、任务六（货运服务）。本项目从铁路客运与货运服务的实践出发，以铁路运输全过程为主线，内容涵盖票务服务、咨询指引、安检工作、应急管理等多个板块，将俄语语言应用融入铁路工作实际场景，不仅使学生熟悉铁路服务的俄语语言表达，同时掌握与外籍人士的沟通方法和技巧，最终达到培养学生的俄语语言交流能力和提高国际铁路服务水平的教学目的。

项目二：地铁运营工作情境篇。包含任务一（安检服务）、任务二（问询服务）、任务三（乘车服务）、任务四（应急服务）。本项目以地铁乘务相关工作为导向，将俄语语言理论教学与地铁工作实践教学相结合，从票务工作、安检指引、突发事件等方面出发展开教学，以地铁客运乘务典型工作任务和场景为主线，培养学生在地铁运营工作环境中的俄语语言应用能力。

项目三：航空运输工作情境篇。包含任务一（订票服务）、任务二（安检服务）、任务三（登机服务）、任务四（客舱服务）、任务五（应急服务）、任务六（货运服务）。本项目基于对航空运输相关教学内容宏观性与整体性的把控，积极顺应与紧扣航空运输业发展的需求，以票务、安检、登机、托运、货运、乘务等航空运输工作场境为主线，为学生提供沉浸式的学习环境，按照"学生参与为主、教师引导为辅"的教学模式，使学生最大限度地感受真实的航空职场环境，并将俄语语言的应用融入其中，从而促进专业能力与俄语语言水平同步提升。

本教材内容题材广泛，实用性强，既注重体裁的多样性和题材的现实性，又兼顾学生的学习兴趣及其可接受性。具体来说，本教材的主要特色和创新点有以下四个方面：

第一，将俄语学习与职业能力培养有机结合。围绕教学目标，结合教材内容，紧贴学生实际，创新教学方法，模拟与交通运输相关的多种语言场景，通过工作情境下俄语对话的练习，夯实学生的交通运输专业知识，提高学生中俄双语工作能力，并以此为契机，打通教学堵点、消除教学痛点、解决教学难点。

第二，贯彻高职俄语教学情景性和交际性原则。打破了以往以语法为中心安排教学内容的惯例，根据高职学生的学习特点，把项目教学与情境教学有机融合，基于项目分类的个性化设置任务，每个任务下的实操设计主要是考察学生对特定语境下词汇及语法的掌握情况，模拟特定场景展开对话，提高学生在特定情境下使用俄语的交互能力。

第三；教材中富含交通运输类专业内容，融知识、趣味、实用为一体，将俄语教学同专业知识结合起来，使学生在学习语言的过程中了解、熟悉俄语交通运输专业词汇，力求构建俄语交通人才“俄罗斯百科全书式”的知识结构，从而保证所学语言的实践性、功能性和交际性。

第四，为了让读者熟练掌握俄语交通运输专业词汇及工作情境对话，提高读者在俄语情境下的沟通交流能力，本教材16个任务中的“情境对话”和“词汇”均配有相应的俄语录音音频，读者可扫描本书封底二维码进入出版社官方网站免费下载。

本教材既可作为以俄语圈国家为合作对象的中外合作办学的交通类高职院校中国学生的俄语教科书，也可作为俄语爱好者、交通技术人员以及旅俄工作和学习人员的参考读物。

本教材在郑州铁路职业技术学院统筹下，由郑州铁路职业技术学院赵建成担任主编，由郑州铁路职业技术学院刘宏伟、张茜、郜倩、乔聪，沈阳理工大学曲雪平担任副主编。参与编写的还有：郑州铁路职业技术学院王亚晴、张岩，沈阳理工大学翟月。全书由赵建成统稿，陕西铁路工程职业技术学院陈长在担任主审。

在本教材的编写过程中，得到了郑州铁路职业技术学院、欧亚国际协会、沈阳理工大学、陕西铁路工程职业技术学院、西安铁路职业技术学院、俄罗斯交通大学、圣彼得堡国立交通大学等单位领导和教师的大力支持，他们提出了许多宝贵意见和建议，在此表示衷心的感谢。另外，本教材的编写还参考、借鉴了相关书籍、文献及资料，在此向相关作者致以诚挚的谢意。

由于时间仓促，加之编者水平有限，书中难免存在疏漏和不足之处，敬请广大读者批评指正。

编　者

2021年10月

ОГЛАВЛЕНИЕ

项目一　铁路运输工作情境实践

项目一

铁路运输工作情境实践

УРОК 1

售票服务

Покупка и продажа ж/д билетов

本课学习目标（цель обучения）

1. 知识目标

(1) 学习铁路票务组织的基础理论和基础知识；

(2) 学习铁路票务工作流程涉及的专业词汇和常用句式；

(3) 熟悉铁路票务作业情境和具体环节。

2. 能力目标

(1) 掌握票务工作的基本技能；

(2) 具备实际工作情境下分析和解决问题的能力；

(3) 具备办理购票、改签、退票等相关业务的语言应用技能。

3. 素质目标

(1) 培养具有良好素质和能力、具有较强服务意识和服务能力的应用型人才；

(2) 培养学生从事票务组织工作的规范意识、礼貌用语，敬业、尽职、尽责的职业情操。

一、情境导入（введение в ситуацию общения）

随着国家铁路系统的发展和完善，铁路实名制购票开始实施；随着科技的发展，智能手机逐渐普及，网上购票应运而生。

情境一：伊万·伊万诺维奇是你的俄罗斯网友，他今年9月要到北京大学读书。他对中国文化很感兴趣，计划在课余时间到中国各地旅游。他知道在中国大家都是通过手机App购买火车票的，但是他不知道如何操作，于是他跟你联系，想让你教他使用手机购票。

思考：你知道外国人怎么在12306上注册吗？你知道该怎么用俄语教他网上订票吗？

情境二：安德烈原计划乘坐今天的G158次列车从郑州东到北京去旅行，但是在临近发车之际，突然收到通知说列车由于天气原因延误了，他已经和朋友约好了在北京见面，必须尽快出发。但是按照退改签的规定，他已经无法在手机App上操作退票或者改签了，只能到售票窗口去退票或改签。今天刚好是你在售票窗口值班。

思考：你知道如何与他进行沟通吗？他本来想要退票的，但是你建议他改签，这个过程你会用到哪些俄语跟他交流呢？

二、语言知识（лингвистические знания）

I. 情景对话（диалоги-образцы）

1

原文：	参考译文：
Пассажир: Здравствуйте! Скажите пожалуйста, есть ли билеты на поезд до Питера?	乘客：您好！请问，有到圣彼得堡的火车票吗？
Кассир: Здравствуйте! К сожалению, на сегодня билетов нет.	售票员：您好！很遗憾，今天的已经卖光了。
Пассажир: Могу я купить билеты на субботу?	乘客：那有周日的火车票吗？
Кассир: Да. Сколько билетов Вы хотите приобрести?	售票员：有的，您想要多少张？
Пассажир: Один.	乘客：一张。
Кассир: Поезда из Москвы в Питер отправляются в 16:00 и в 21:30. В какое время вам будет удобно?	售票员：从莫斯科到圣彼得堡的火车车次有16:00出发的和21:30出发的。您要几点的？
Пассажир: Поезд на 16:00, будьте добры.	乘客：16:00出发的火车，劳驾。
Кассир: Есть билеты в плацкартный вагон и вагон-купе. Какой Вы предпочитаете?	售票员：有卧铺车厢和包厢。您选哪一种？
Пассажир: Плацкарт, пожалуйста.	乘客：请给我卧铺。
Кассир: Верхняя полка или нижняя?	售票员：上铺还是下铺？
Пассажир: Нижняя.	乘客：下铺。

Кассир:	Билет оформлен. Счастливого пути!	售票员:	票已经办理好了，一路顺风！
Пассажир:	Спасибо. До свидания!	乘客:	谢谢，再见！

2

原文:		参考译文:	
Кассир:	Слушаю вас.	收银员:	请讲。
Пассажир:	Я хотел бы билет до Лондона туда и обратно, пожалуйста.	乘客:	请给我一张去伦敦的往返火车票。
Кассир:	На какую дату и время?	收银员:	什么日期和时间？
Пассажир:	Завтра утром, пожалуйста.	乘客:	请给我明天早上的。
Кассир:	Есть поезд, отправляющийся в 7.35 и ещё один в 9.15.	收银员:	一列火车在 7:35 出发，另一列在 9:15 出发。
Пассажир:	Первый вполне подойдет.	乘客:	第一个就好。
Кассир:	Сколько вам нужно билетов?	收银员:	您需要几张票？
Пассажир:	Два, пожалуйста.	乘客:	两张，谢谢！
Кассир:	Первого класса или второго?	收银员:	一等座还是二等座？
Пассажир:	Первого.	乘客:	一等座。
Кассир:	Когда вы планируете вернуться?	收银员:	您计划几号返程？
Пассажир:	В тот же день вечером.	乘客:	当天晚上。
Кассир:	Из Лондона отправляются два поезда. Первый в 7 часов вечера, а второй в 21:45.	收银员:	从伦敦出发的一共两个车次，分别为晚上 7 点和 21:45。
Пассажир:	В 21:45.	乘客:	要 21:45 的那一列。
Кассир:	С вас 120 юаней.	收银员:	您需付 120 元。
Пассажир:	Вот, возьмите.	乘客:	给您，请收一下。
Кассир:	Поезд, отправляющийся утром, отходит с платформы номер 5.	收银员:	早班火车从 5 号站台出发。
Пассажир:	Спасибо.	乘客:	谢谢。
Кассир:	Счастливого вам пути!	收银员:	祝您一路顺风！

3

原文:

Иван: Привет, Ван! Можешь ли ты научить меня покупать билеты на поезд онлайн?

Ван: Конечно! Сначала тебе надо скачать и установить приложение 12306 на свой телефон.

Иван: У меня уже есть это приложение.

Ван: Далее тебе необходимо зарегистрироваться, ввести номер паспорта и привязать номер мобильного телефона.

Иван: Хорошо, я зарегистрировался.

Ван: Открой приложение, выбери бронирование, введи пункт отправления, пункт назначения и дату. Затем выбери нужный поезд и тип вагона.

Иван: Так просто?

Ван： Да, конечно! Не забудь взять паспорт, когда пойдёшь забирать билет из кассы.

Иван： Хорошо, спасибо!

Ван： Не за что, если у тебя будут еще вопросы, обращайся ко мне!

参考译文：

伊万：王，你好！ 你能教我在网上购买火车票吗？

王： 当然！首先你得在手机上下载安装一个12306软件。

伊万：已经下载到手机上了。

王： 接下来你需要使用护照进行注册，并且绑定自己的手机号码。

伊万：好的，已经完成注册了。

王： 打开软件，选择预订，输入出发地、目的地和日期，然后选择自己需要的车次和座席。

伊万：就这么简单？

王： 是的，当然！记住，在发车前要拿着自己的护照到售票处取票。

伊万：好的，谢谢！

王： 没什么，如果你有什么问题的话，随时来找我！

4

原文：

Пассажир： Извините, я хотел бы сдать билет.

Кассир： Что случилось?

Пассажир： Я опоздал на поезд.

Кассир： Вам нужно будет заплатить 10% от стоимости билета. Я предлагаю вам поменять дату отправления.

Пассажир： Хорошо, помогите пожалуйста поменять билет на завтра.

Кассир： Сейчас посмотрю, билеты есть. Какой класс Вы предпочитаете?

Пассажир： Первый класс, пожалуйста.

Кассир： К сожалению, первого класса нет, только второй класс.

Пассажир： Хорошо. Оформляйте.

Кассир： Вот ваш билет.

Пассажир： Спасибо большое!

参考译文：

乘客： 不好意思，我想退票。

售票员：发生什么事情了？

乘客： 我没有赶上火车。

售票员：您需要支付10%的手续费。我建议您改期。

乘客： 好的，请帮忙改签到明天。

售票员：我看一下啊，明天有票。您要哪个席位？

乘客： 一等座，谢谢！

售票员：很遗憾，一等座没有了，只剩下二等座了。

乘客： 好吧，请出票。

售票员：给，您的票。

乘客： 非常感谢！

5

原文：

Джордж： О, я вижу билетную кассу. Доброе утро!

Кассир： Доброе утро!

参考译文：

乔治：哦，我看到售票窗口了。早上好！

店员：早上好！

Джордж:	Мне нужны три билета до Бостона на сегодняшний вечер.	乔治：我需要三张今晚出发去波士顿的票。
Кассир:	Три билета в один конец или три билета туда и обратно?	职员：三张单程票还是三张往返票？
Джордж:	Три билета туда и обратно, пожалуйста.	乔治：三张往返票。
Кассир:	Какой класс Вы предпочитаете?	职员：您要几等座？
Джордж:	Первый класс, пожалуйста.	乔治：头等座，拜托。
Кассир:	Вот Ваши билеты. Ваш поезд отправляется в 23:05.	职员：这是您的票。您的火车在23:05出发。
Джордж:	Спасибо большое. Этот поезд прибудет в Бостон в 09:00?	乔治：非常感谢。本次列车于09:00抵达波士顿吗？
Кассир:	Да, всё верно.	职员：嗯，是的。
Джордж:	Спасибо Вам за помощь.	乔治：谢谢您的帮助。
Кассир:	Желаю Вам приятного путешествия.	店员：祝您旅途愉快。

II. 词汇（новые слова）

касса 收款处，收银台；售票处
билет 票
билетный 票的，证的
билетная касса 售票处
прибыть (-буду, -будешь; прибыл, -ыла, прибыло)[完] 来到，到达，抵达
прибывать[未完] 来到，到达，抵达
плацкарт 卧铺
купе 包厢
поезд 火车
некурящий 不吸烟的
вагон для некурящих 禁烟车厢
в один конец 单程
в оба конца 双程，往返
поменять –няю, -няешь[完]что 改签（车、船票）
успеть (-ею, -еешь) 来得及，赶得上，有成就，达到目的
следующий 下一个
следующая остановка 下一站
нужный, -жен, -жна, -жно, -жны 需要的，必需的
подземный 地下的
подземный переход 地下坑道
вернуться; возвращаться 回来，返回，归
вернуться домой 回家
туда и обратно 往返；来回
полка 卧铺；架子，格板
проверить (-рю, -ришь) (кого-что) проверять 检查，检验
данные[复数] 数据，资料
оформить(оформлю, оформишь) 办好手续，完成手续
отправляться; отправиться （车、船）开动，开出
будьте добры. 打扰一下，劳驾
предпочитать; предпочесть 认为比较好，更喜欢
верхний 上面的
нижний 下面（边）的
отъезжать; отъехать （乘车、马等）走开，走出（若干距离）
Планировать; спланировать 计划，规划

III. 重点语法与词汇（ключевая грамматика и лексика）

1. подойти[完]，подходить[未]

(1) 适合，相宜，合身。例如：

Это пальто мне подходит. 这件大衣我穿着合身。

(2) 走近，走到跟前；开近，驶近；（时间、机会、某种情形等）到，来到，快到。例如：

подойти к окну 走到窗前 Подойди ко мне! 你到我跟前来吧！

2. возьмите 拿着。（第二人称命令式）

взять[完] 拿，取；брать[未]。例如：с собой 随身携带

3. отходить [未] 走开，出发，离开，отойти[完]。例如：

поезд отходит в семь утра 列车上午七点钟出发

4. желать 祝愿。例如：

желаю вам здоровья 祝您健康 желаю вам успеха 祝您成功

желаю вам доброго пути 祝你一路平安

5. оформлять[未]，оформить[完]。例如：

паспорт 办理护照 оформленный 办理好的

Билет оформлен. 出票。（形容词短尾作谓语）

6. распродать 卖完；распродавать。例如：

Все билеты распроданы. 票都卖完了。（形容词短尾作谓语）

7. успевать (-ею, -еешь) 来得及，赶得上，有成就，达到目的。例如：

успеть к обеду 赶得上吃午饭 успеть на поезд 赶得上火车

8. поменять -няю, -няешь。例如：

билет на вечерний поезд. 改签为晚上的车票。

билет в вагон с мягкими сиденьями. 改签为软席车票。

менять дату 改期 возврат билета 退票 замена срока и перевозчика 改签

9. 语气词 бы 的用法：祈使语气词 бы 与动词过去式形式连用，构成假定式，表示假设、愿望、建议等。例如：Не могли бы вы помочь мне? 您能不能帮一下我？

10. ли[语气词] 是不是；是否：用于疑问句，放在与它发生联系的词之后。例如：

Есть ли билеты на поезд до Питера? 有去圣彼得堡的火车票吗？

11. возврат электронных билетов 退电子票，сдать электронный билет 退电子票

12. к сожалению[插入语] 很遗憾。（前置词 к+三格）

13. билетов нет 没有票。（否定客体用二格，билеты 的二格是 билетов）

14. мочь 能够…… (могу можешь могут; мог могла могли); смочь

мочь+инф（动词不定式），例如：купить билет на поезд 能够买火车票

15. сколько 多少。例如：студентов 多少个学生

16. приобрести[完] приобрету, приобретёшь, приобретут, приобрёл, приобрела, приобрели, приобретать[未] 获得，得到。例如：много знаний 获得很多知识

17. 前置词：

(1) из[接二格] 从……；в[接四格] 到……。例如：из Москвы в Питер

(2) с[接二格] 从……；до[接二格] 到……。例如：с утра до вечера 从早到晚

18. отправляться （火车、汽车）出发；发车。例如：
поезд отправляется в 15:00. 火车在 15:00 发车。
поезд отправляется с 9-ой платформы. 火车从 9 号站台出发。

IV. 主要句型（главные речевые структуры）

1. Сегодня есть поезд до Новгорода? 今天有去诺夫哥罗德的火车吗？
2. Когда отправляется последний поезд до Ярославля?
开往雅罗斯拉夫尔的最后一趟火车什么时候开？
3. Когда он прибывает в Москву? 什么时候抵达莫斯科？
4. С вас пятьсот рублей. 收您 500 卢布。
5. Один билет до … 一张去……的票。
6. Два билета до … 两张去……票。
7. Два взрослых. 两张成人票。
8. Два детских. 两张儿童票。
9. Надо доплатить? 需要附加费吗？
10. Есть скидка студентам? 对大学生有折扣吗？
11. Поезд отходит в 8:20. 火车 8:20 分出发。
12. Прибывает в 15:40. 15:40 分抵达。
13. Они ходят каждые 10 минут. 他们每 10 分钟发车一次。
14. Вам надо сделать пересадку. 您需要换乘。
15. В один конец или туда и обратно? 单程还是往返？
16. Купе или плацкарт? 包厢还是卧铺？
17. Верхняя полка? 上铺吗？
18. Нижняя полка? 下铺吗？
19. Вернуть электронный билет на сайте можно не позднее, чем за час до отправления поезда с начальной станции маршрута следования.
您可以在火车离开线路起点站前一小时内在网站上退还电子车票。
20. Мы можем заказать билеты на поезд по телефону.
我们可以通过电话预订火车票。

V. 练习（упражнения）

Упражнение 1 填空

1. Я хотел бы купить ______(два билет). 我想买两张票。
2. Поезд отправляется с 12-ой ______(платформа). 列车从 12 号站台出发。
3. Этот поезд прямой или надо делать _______(пересадка)?
这趟列车是直达还是需要换乘？
4. Мне нужны три билета _______(二等座). 我需要三张二等座票。
5. Скажите пожалуйста, какой вагон вы хотите, купе или ______(卧铺).
请问您需要那种车厢，包厢还是卧铺？

Упражнение 2 翻译下列句子

1. 您好，我想买一张明天到北京的票。
2. 这趟列车几点到达郑州东站？
3. 多少钱？
4. С вас 309 юаней.
5. Билетов на сегодня нет.

Упражнение 3 根据对话内容，补全句子

A：Здравствуйте! Дайте мне, пожалуйста, один билет на поезд до ___1.___.
您好，请给我一张去莫斯科的火车票。

B：На ___2.___? 哪一天去？

A：На двадцатое сентября. 9月20日。

B：Есть билеты на поезд на одиннадцать двадцать, на пятнадцать ноль ноль, на двадцать один сорок. Вам на какой?
这里面有11:20的、15:00的、21:40的票。您需要哪一张？

A：На двадцать один сорок. 21:40的吧。

B：Вам нужно сидячее место, купе или ___3.___? 您是要普通座位、包厢还是卧铺呢？

A：Купе. 包厢。

B：Нижняя или верхняя ___4.___? 下铺还是上铺呢？

A：Нижняя. 下铺。

B：С ___5.___ пятьсот рублей. 收您500卢布。

A：Хорошо. 好的。

B：Вот ваш билет! Проверьте данные. 这是您的票，请核对下。

A：Билет на двадцатое сентября́ поезд Минск-Москва́, купе, сорок пятое место, нижняя полка. 车票是9月20号从明斯克到莫斯科，45号包厢，下铺。

A：Все правильно. Спасибо! 全部正确。谢谢！

VI. 参考答案（ключи к упражнениям и заданиям）

Упражнение 1

1. два билета 2. платформы 3. пересадку 4. второго класса 5. плацкарт

Упражнение 2

1. Здравствуйте, мне нужен билет на поезд до Пекина
2. когда приедет этот поезд?
3. сколько с меня?
4. 收您309元。
5. 今天的票没有了。

Упражнение 3

1. Москвы 2. какое число 3. плацкарт 4. полка 5. вас

三、技能实践：情境演练（ситуационные упражнения）

请同学们根据给定情境完成工作情境对话并填写表格。

工作情境一

工作情境主题	假设你是一名售票员，遇到了一名俄罗斯旅客想要退票，在了解情况之后，你向他提出了合理的改签建议，既方便了明日的出行，也节省了退票手续费。由此展开俄语对话。
参与者	
角色分配	
预计完成的工作目标	
情节对话设计（俄语）	
工作情境核心语句（俄语）	
难点或出错语句	
实践分析	1. 是否顺利用俄语处理该项工作？ 2. 工作难点及语言难点是什么？ 3. 如何克服难点？ 4. 如何改善工作及语言能力？ 5. 对自己的强化目标是什么？ 6. 本次工作情境演练成功之处是什么？
实践总结	1. 心得总结 2. 语言总结

工作情境二

工作情境主题	你是郑州火车站的一名售票员，遇到了一名俄罗斯旅客，他想购买去西安的车票。
参与者	
角色分配	
预计完成的工作目标	
情节对话设计（俄语）	
工作情境核心语句（俄语）	
难点或出错语句	
实践分析	1. 是否顺利用俄语处理该项工作？ 2. 工作难点及语言难点是什么？ 3. 如何克服难点？ 4. 如何改善工作及语言能力？ 5. 对自己的强化目标是什么？ 6. 本次工作情境演练成功之处是什么？
实践总结	1. 心得总结 2. 语言总结

四、技能提升：小组顶岗实习演练（практические упражнения）

请同学们分小组进行俄语演练，选定顶岗实习人员，设计工作情节，完成实习演练并书写实习工作日志。

现在你是一名在郑州东站实习的售票员。你已经在这实习一个月了，今天你遇到了一位白俄罗斯的女孩阿廖娜，她因买错票而来到售票窗口……

小组成员：

售票员：

乘客：

情节设计：

根据情节展开工作，由指导教师指点并评价：

工作日志

时间：

地点：

岗位：

工作过程：

自我评价：

五、拓展学习（дополнительные знания）

优秀售票员孙奇的事迹

俄罗斯的著名铁路

思考与讨论：孙奇身上有什么精神品质值得我们学习与赞扬？如果你是一位售票员，你将如何完成自己的本职工作？你认为铁路售票人员应具备哪些职业素养和职业能力？

УРОК 2

站内服务

Обслуживание пассажиров на вокзале

本课学习目标（цель обучения）

1. 知识目标

(1) 学习了解铁路站台服务岗位的基本内容；
(2) 学习铁路站内地点指引，乘车、换乘指导，站台、车厢位置提醒所需用到的俄语句式；
(3) 熟悉铁路站台工作环境遇到的情境、环节、事件。

2. 能力目标

(1) 具备使用俄语进行火车站台服务岗位的交流技能；
(2) 具备在具体情境下，如指引车厢、台站客流疏导时的专业俄语表达能力；
(4) 会严格依照操作规则及特定岗位要求处理解决问题。

3. 素质目标

(1) 树立岗位主动服务意识和安全职责认知；
(2) 具备善于沟通、交流、合作、富有爱心和奉献精神的思想品质；
(3) 培养诚实守信的职业精神与道德素养。

一、情境导入（введение в ситуацию общения）

随着“一带一路”倡议的逐步深入，中国同沿线周边国家的交往越来越密切，尤其是在经贸和旅游方面。越来越多来自俄罗斯、中亚等俄语国家的商务人士、游客来到中国。机场、火车站作为一个城市的门户，能否给旅客提供高质量的服务，将会关系到整个城市的形象，甚至在一定程度上影响未来的发展。

情境一：小张是郑州东站的一名站务工作人员，有一天他在问讯处值班的时候发生了一件事情：他遇到了一名来自俄罗斯的游客安东，安东是第一次来郑州，对郑州东站不熟悉，他不知道自己乘坐的列车将从哪个站台出发，于是来到问讯处询问，小张耐心地为他指引了方向。安东很惊喜，在郑州东站竟然有会说俄语的工作人员！

思考：如果你也在小张的工作岗位，你想怎样用俄语向安东表达站台所在呢？

情境二：安娜是一名就读于洛阳某高校的白俄罗斯留学生，两天前她来到郑州找自己的朋友玩，结束了为期两天的愉快的郑州之行后，今天要乘坐高铁回洛阳了。但是在郑州车站准备验票进站时才发现自己的高铁是从郑州站出发的，可是现在距离高铁发车时间只剩不到一个小时了，且正值晚高峰，唯一的办法就是乘坐地铁到郑州站。但是第一次来郑州的安娜并不知道地铁站在哪里。于是满脸焦急的安娜走向了正在检票口工作的你。

思考：1. 你能否正确指引安娜找到地铁口？

2. 如果你们之间的交流不太顺畅，你会怎么办？

二、语言知识（лингвистические знания）

I. 情景对话（диалоги-образцы）

1

原文：

Сяо Чжан：Чем могу вам помочь?

Антон：Ой, вы говорите по-русски! Скажите пожалуйста, с какой платформы отправляется поезд G58 в Пекин?

Сяо Чжан：Сейчас посмотрю. Поезд отправляется с 8-ой платформы.

Антон：Как мне добраться до неё?

Сяо Чжан：Вам нужно пройти через подземный переход. Восьмая платформа находится возле второго выхода слева.

Антон：Спасибо. А где находится касса? Мне нужно забрать билет.

Сяо Чжан：Продолжайте идти вперёд, поверните направо, там вы увидите кассу.

Антон：Извините, я не понял.

参考译文：

小张：有什么可以帮您？

安东：天哪，您会说俄语！请问，去往北京的G58次列车从哪个站台出发？

小张：让我看一下啊，列车从8号站台出发。

安东：那我怎么才能到那里？

小张：您需要穿过一个地下隧道。8号站台在您左边的第二个出口。

安东：谢谢。售票处在哪里？我需要换取一下车票。

小张：一直走，然后右转，您就可以看到售票处了。

安东：不好意思，我不太明白。

Сяо Чжан: Я покажу. Следуйте за мной. В эту сторону.
Антон: Хорошо. Это было бы здо́рово.
Сяо Чжан: Касса там.
Антон: Спасибо вам большое, до свидания!
Сяо Чжан: До свидания!

小张：我带您去。请跟我来，这边。
安东：这真是太好了！
小张：就在那里。
安东：非常感谢，再见！
小张：再见！

2

原文：

—Извините. Есть ли здесь поблизости супермаркет?
—Да, есть один поблизости.
—Как мне попасть туда?
—Идите прямо, потом поверните налево. Он будет по левой стороне.
—Это далеко?
—Не очень.
—Спасибо.
—Не стоит благодарности.

参考译文：

—打扰一下，附近有超市吗？
—是的，附近有一个超市。
—我如何到达那里？
—直走，然后左转。它在左边。
—它很远？
—不是很远。
—谢谢。
—不客气。

3

原文：

—Извините, где находится камера хранения?
—Идите налево, потом поверните направо. Камера хранения будет прямо за углом.
—У меня ещё вопрос, вы не подскажете, как добраться до ближайшего автомата?
—Идите прямо по этой улице около 200 метров. Вы увидите автомат прямо напротив магазина.

参考译文：

—请问，行李寄存处在哪里？
—向左走，然后在第二个拐角处右转。行李寄存处就在拐角处。
—我还有一个请求，您能告诉我怎么去最近的自动售货机吗？
—沿着这条街直走约 200 米。您会在商店前面看到一台自动售货机。

4

原文：

—Добрый вечер!
—Здравствуйте. Это поезд до Пекина?
—Да. Чем могу помочь?
—Знаете, я немного запутался. Не могу найти свой вагон.
—О, понятно. Наши вагоны пронумерованы от головы поезда сегодня. У вас купейный, плацкартный или спальный вагон?

—Насколько я помню, я заплатил за плацкартный вагон, но я не вижу этого в билете.
—Дайте мне свой билет, пожалуйста. Посмотрим. Номер вашего вагона — 9. Да, вы правы. Это плацкартный вагон. И это следующий вагон. Рада сообщить вам, что я буду вашим проводником.
—Что вы говорите! Мне повезло. У меня верхняя или нижняя полка?
—Ваше место — номер 12. Это четное число, значит, это верхняя полка.
—Здорово! Спасибо. Как быстро мы доберемся до Пекина?
—Это скоростной поезд, поэтому обычно это 24 часа с короткими остановками в пути.
—Довольно быстро. В вагоне есть кондиционеры?
—Разумеется. Они работают. Вам следует поторопиться. Наш поезд отправляется через 5 минут. Посадка закончена, поэтому вам нужно войти в вагон и поместить свой багаж под нижнюю полку. Пожалуйста, держите билет при себе. Я подойду к вам, как только поезд отправится.
—Хорошо. Еще раз спасибо.

参考译文：

—晚上好！
—您好。这是去北京的火车吗？
—是的。我有什么可以帮助您的吗？
—您知道，我有点困惑。我找不到我的车厢了。
—哦，我明白了。今天我们的车厢是从火车头开始编号。您是包厢、硬卧还是软卧车厢？
—据我所知，我支付了预订硬卧车厢的费用，但我没有在票上看到这一点。
—请把您的票给我，我们看一下，您的车厢号码是 9。是的，您是对的。这是硬卧车厢。在下一节车厢。我很高兴地通知您，我将成为您的乘务员。
—您说什么呢！是我很幸运。我在上铺还是下铺？
—您的位置是 12 号。是偶数，所以这是上铺。
—太棒了！谢谢。我们多久到达北京？
—这是一列高速列车，因此通常为 24 小时，沿途有短暂的停靠。
—相当快了。车厢里有空调吗？
—当然。有空调。您应该快点了，先生，我们的火车将在 5 分钟后出发。上车以后，走进车厢，将行李放在下铺位的下面。请随身携带您的车票。火车一开，我就来找你。
—好的。再次感谢。

5

原文：

Пассажир： Извините, мне нужно пересесть в Пекине на поезд G66, но я не знаю как добраться?

Сотрудник： Идите, пожалуйста, вдоль этой платформы до конца, вы увидите лифт, Поднимитесь на лифте на второй этаж, и перед вами будет контрольный пункт пересадки. Входите, затем найдите номер вашего поезда в расписании поездов.

Пассажир: Понятно, благодарю вас!

Сотрудник: Пожалуйста, счастливого пути!

参考译文：

旅客： 打扰一下，我需要转乘去北京的G66次列车，但是我不知道怎么过去？

工作人员：沿着这个站台直行到头，您可以看到一部电梯，乘坐电梯到达二楼，在您面前有一个换乘专用的安检口，进去之后在列车时刻表上寻找您的车次就可以了。

旅客： 明白了，感谢您！

工作人员：不客气，一路顺风！

II. 词汇（новые слова）

подсказывать-подсказать 提示

проходить-пройти 通过

пешком 步行

далековато 有点小远

благодарен, благодарна, благодарны 感谢

занимать-занять 借/占用/担任

называться-назваться 名字是/叫作

растерян, растеряна, растеряны 困惑

иначе 否则

пересадка 换乘/转站

Осторожно! 当心！

следующая станция 下一站

конечная 终点站

при выходе 下车时

переход на станцию 转乘

линия 线

электропоезд 列车

пожилой 老人

беременная женщина 孕妇

при обнаружении 发现

север 北

юг 南

запад 西

восток 南

северо-запад 西北

северо-восток 东北

юго-запад 西南

юго-восток 东南

переход 人行道

перекресток 十字路口

сквер 街心花园

светофор 交通信号灯

красный сигнал светофора 红灯

зелёный сигнал светофора 绿灯

жёлтый сигнал светофора 黄灯

прямо 一直

слева 左边

справа 右边

напротив 对边

рядом 旁边

близко 近

далеко 远

направо 拐

вокзал 火车站

зал ожидания 候车室

камера хранения 行李存放处

проводник 列车员

купе 车厢单间，包房

подземный переход 地下通道

пешеходный переход 人行横道

зебра 斑马线

парковка 停车场

платформа 站台，月台

тоннель 隧道，涵洞

слева 从左边 在左边

справа 从右边 在右边

справа налево 从右向左

налево 向左

свернуть налево 往左拐
направо 向右，往右
идти направо 往右走
следовать, последовать за
跟随，跟着
следуйте за мной 你跟我走
сторона 方面；方向
командировка 出差
уехать в командировку 出差去了
совсем 完全；十分
навещать; навестить 访问，看望
родственник 亲戚，亲属
чаевые 茶钱，小费
подсказать(-ажу, -ажешь;) подсказывать
偷偷地提示，悄悄告诉
сразу 立刻，马上
поблизости 在附近
попасть (-аду, -адёшь) попадать
来到，走到；进入
попасть за границу 出国，到国外去
справочное бюрю 问询处
поворот 转弯
повернуть 转弯，转向
повернуть голову 掉头
за[五格] 在……之后，在……之外
угол （物体的）角；角落；（街道）拐角处
напротив[接二格] 在……对面
напротив школы 在学校对面
от [前][二格] （表示空间，时间和其他方面的起始点）由，从，离
искать (ищу, ищешь) кого-что 找，寻找，寻觅；寻求
искать работу 找工作
после[接二格]
在……之后；在（结束）……以后
после обеда （在）午饭以后
после работы 下班之后
перед[接五格] 在……以前
перед сном 睡觉以前
запутаться（-аюсь, -аешься）
запутываться 迷路，迷失方向
пронумеровать 把……编号
купейный 包间式的
плацкартный 卧铺票的
спальный 卧铺的
насколько 据……，就……
чётный 偶数的
нечётный 单数的，奇数（的）
скоростной 高速的
короткий 短（的）
остановка 逗留，停留
кондиционер 空调
довольно 相当
разумеется 当然；自然
поторопиться
торопиться（-оплюсь, -опишься）
急忙地去做，忙着做
посадка 上车
держать при себе 把……带在身边
сразу 立刻，马上

III. 重点语法与词汇（ключевая грамматика и лексика）

1. повернуть, -ну, -нёшь [完成体]。поверни, поверните[第二人称命令式]。[未完成体] поворачивать

(1) 拧转，扭转，翻转（后接 кого, что）。例如：

повернуть кран 拧水龙头

повернуть больного на другой бок 给病人翻个身

(2) 使转向，改变运动方向；拐（后接 кого, что 或无补语）。例如：

повернуть на право/лево 右转/左转

Дорога повернула к реке. 路向河的方向拐去。

Водитель повернул машину налево.　司机把车向左拐了。

2. подойти, -ойду, -ойдёшь [完成体]。ошёл, -ошла[过去式]。подходить, -ожу, -одишь[未完成体]。

(1) 走近，靠近，走到跟前。例如：

к окну　走到窗子跟前　　к городу　走近城市

Лес подошёл к самой дороге.　树林紧挨着道路。

(2) 着手，开始。例如：

к изучению чего-нибудь　着手研究

(3) 适合，相宜，合身。例如：

Это пальто мне подойдет.　这件大衣我穿得合身。

Он не подойдет на эту должность.　他不适合担任这项工作。

3. пройти, пройду, пройдёшь [完成体]；прошёл, -шла[过去式]。

(1) 走过去，通过，走到 по какому-н. или к какому-н. месту. 例如：

по мосту　从桥上走过　　к выходу　走到出口　　вперед　往前走

(2) 走，行驶（若干里程）。例如：

несколько шагов　走几步　　всю дорогу пешком　一路都是走的

За час поезд прошёл 50 км.　火车一小时行驶 50 公里。

(3) 跑过，驶过，越过。例如：

Поезд прошёл станцию.　列车驶过车站。　　Пройти мимо чего-н.　从……旁边经过。

(4) 过去，消失（第一、第二人称不用）。例如：

Прошёл целый час.　整整一个小时过去了。　Долждь уже прошёл.　雨已经停了。

Обида прошла.　委屈的心情已经消失。　Боль прошла.　疼劲已经过去了/已经不疼了。

(5) 进行得，过得，做得（第一、第二人称不用）。例如：

Доклад прошёл удачно.　报告做得很成功。　День прошёл хорошо.　一天过得很好。

IV. 主要句型（главные речевые структуры）

1. Идите прямо, потом направо(налево).　一直走，然后往右（左）拐。
2. Следуйте за мной.　请跟我来。
3. Скажите, пожалуйста, где выход на платформу?　请问检票口在哪?
4. Где справочное бюро?　问讯处在哪儿?
5. Вот напротив. Пройдёте по подземному переходу и выйдете прямо к залу ожидания.
   就在对面。您从这地下通道过去，一出去就是候车大厅了。
6. Вернитесь назад и поверните направо.　往回走，再朝右拐。
7. Вы можете следовать за мной.　您可以跟着我走。
8. Идите налево, а потом поверните за угол.　向左走，然后拐角处拐弯。
9. Это было бы здорово. / Вот здорово!　这可好了!
10. Где находится туалет?　洗手间在哪里?
11. Извините, не могли бы вы подсказать мне, как добраться до кассы?
    打扰一下，您能告诉我去售票处的路吗?

12. Не могли бы вы подсказать мне, как добраться до ближайшего туалета?
您能告诉我怎么去最近的卫生间吗？
13. Это путь к ж/д вокзалу? 这是去火车站的路吗？
14. Не могли бы вы показать мне на карте? 您能在地图上指给我看吗？
15. Это далеко отсюда? 到这远不远？
16. Поверните направо/налево у KFC. 在 KFC 那里右转/左转。
17. Поверните направо/налево на главную дорогу. 右转/左转进入主干道。
18. Идите прямо. 直行。
19. На другой стороне улицы, через дорогу от. 街对面，街对面。
20. Напротив. 在对面。
21. Справа/слева от вас. 在你的右边/左边。
22. Первый/второй поворот налево/направо. 第一/第二个转弯处左转/右转。
23. напротив (кого-чего)/ перед (кем-чем) 在（某物的对面）/在（某人某物）前面
24. Это вон там. 就在那里。
25. Касса справа/слева от вас. 售票处在您的右侧/左侧。
26. Поверните на втором повороте налево. 在第二个转弯处左转。
27. Это в 20 минутах ходьбы. 步行 20 分钟。

V. 练习（упражнения）

Упражнение 1 选出对应的汉语翻译

а. Идите прямо и поверните направо на углу.	1. 走路要多长时间？
б. Я не могу найти кассу.	2. 请问，第五候车室在哪里？
в. Как мне попасть на платформу номер 8?	3. 请问哪里能换乘？
г. Где я сейчас нахожусь?	4. 我现在在什么地方？
д. Скажите, пожалуйста, где можно сделать пересадку?	5. 我怎么到 8 号站台？
е. Вы не подскажете, где находится зал ожидания номер 5?	6. 我找不到售票处了。
ё. Сколько минут ходьбы?	7. 直行，在拐角处右转。

Упражнение 2 以下俄语问路的句子，哪个是不正确的

1. Скажите, как мне доехать до станции метро?
2. Скажите, пожалуйста, как мне попасть на станцию метро?
3. Будьте добры, как мне доехать до станции метро?
4. Извините, на следующей станции вы выходите?

Упражнение 3 将下列常见的交通标识翻译为汉语

1. Дорожный указатель
2. Пешеходная дорожка / Тротуар
3. Двустороннее движение
4. Одностороннее движение
5. Движение на велосипедах запрещено
6. Въезд запрещён
7. Движение запрещено
8. Дорожные работы

Упражнение 4　补全对话

—＿＿＿1.＿＿＿?　打扰一下，劳驾，请问怎么去候车大厅？

—Прямо до конца, потом направо.　直行走到头，然后右转。

—＿＿＿2.＿＿＿?

—步行大概要几分钟？

—Минут 5.

Упражнение 5　参考两张图片中所发生的场景，分别编一组对话

VI. 参考答案（ключи к упражнениям и заданиям）

Упражнение 1

а. Идите прямо и поверните направо на углу.	1. 直行，在拐角处右转。
б. Я не могу найти кассу.	2. 我找不到售票处了。
в. Как мне попасть на платформу номер 8?	3. 我怎么到8号站台？
г. Где я сейчас нахожусь?	4. 我现在在什么地方？
д. Скажите, пожалуйста, где можно сделать пересадку?	5. 请问哪里能换乘？
е. Вы не подскажете, где находится зал ожидания номер 5?	6. 请问，第五候车室在哪里？
ё. Сколько минут ходьбы?	7. 走路要多长时间？

Упражнение 2

4. Извините, на следующей станции вы выходите?

Упражнение 3

1. 路标　2. 人行道　3. 双行道　4. 单行道
5. 禁止非机动车通行　6. 禁止驶入　7. 禁止通行　8. 道路施工

Упражнение 4

1. Простите, скажите пожалуйста как мне добраться до зала ожидания?
2. Сколько времени нужно идти пешком?

三、技能实践：情境演练（ситуационные упражнения）

请同学们根据给定情境完成工作情境对话并填写表格。

工作情境一

工作情境主题	外国游客莎拉波娃计划乘坐高铁去上海，但是来到郑州东站以后偶然发现自己的高铁票是从郑州站出发，于是向你寻求帮助。作为站务工作人员，你需在思考后向她提出最快到达郑州站的乘车方案，并指引她到相应的乘车点。
参与者	
角色分配	
预计完成的工作目标	
情节对话设计（俄语）	
工作情境核心语句（俄语）	
难点或出错语句	
实践分析	1. 是否顺利用俄语处理该项工作？ 2. 工作难点及语言难点是什么？ 3. 如何克服难点？ 4. 如何改善工作及语言能力？ 5. 对自己的强化目标是什么？ 6. 本次工作情境演练成功之处是什么？
实践总结	1. 心得总结 2. 语言总结

工作情境二

工作情境主题	阿列克谢结束了郑州的商务旅行，需要乘坐高铁去往北京，不懂中文的他茫然地站在站台上，不知道自己是哪个车厢、哪个座位，他需要工作人员指引。
参与者	
角色分配	
预计完成的工作目标	
情节对话设计（俄语）	
工作情境核心语句（俄语）	
难点或出错语句	
实践分析	1. 是否顺利用俄语处理该项工作？ 2. 工作难点及语言难点是什么？ 3. 如何克服难点？ 4. 如何改善工作及语言能力？ 5. 对自己的强化目标是什么？ 6. 本次工作情境演练成功之处是什么？
实践总结	1. 心得总结 2. 语言总结

四、技能提升：小组顶岗实习演练（практические упражнения）

请同学们分小组进行俄语演练，选定顶岗实习人员，设计演练情节，完成实习演练并书写实习工作日志。

现在你是郑州东站候车大厅值班站长，在候车大厅工作。你已经在这实习一段时间，现在遇到一个俄罗斯旅行团，他们弄错了发车时间，来到候车大厅的时候已经停止检票了，他们焦急地跑来向你询问，你指引他们应该……
小组成员： 售票员： 乘客： 情节设计： 根据情节展开工作，由指导教师指点并评价：
工作日志 时间： 地点： 岗位： 工作过程： 自我评价：

五、拓展学习（дополнительные знания）

暖心志愿服务助力郑州东站

俄罗斯铁路发展史

思考与讨论：如果现在你是一名郑州铁路职业技术学院的志愿者，在郑州东站为大家提供指引服务，那么你觉得在正式上岗工作前，你应该做好什么样的准备工作呢？你认为在服务过程中是专业水平更重要还是服务态度更重要？你应该以什么样的态度为旅客服务呢？

УРОК 3

安检服务

Досмотр на ЖД вокзале

本课学习目标（цель обучения）

1. 知识目标

(1) 掌握高速及普速列车旅客运输进站检票、安检流程相关专业俄语和日常用语；

(2) 掌握描写相关主题的词汇和表达方式、基本的语言知识，强化言语交际能力，掌握相关的国情知识。

2. 技能目标

(1) 掌握乘坐高铁或普速客车进站和上车面临的安检和检票基本语言准则、技巧以及礼仪；

(2) 能够运用较为熟练的专业俄语进行情境场所对话；

(3) 能够使用俄语日常生活用语完成铁路安检、检票等任务。

3. 素质目标

(1) 具有独立语言实践应用能力、良好的人际沟通能力、综合场景适应能力、礼貌规范用语交流能力；

(2) 具有敬业爱岗的工作精神和社会责任感，热爱本职工作，具有吃苦耐劳、不怕困难、积极进取的工作态度。

一、情境导入（введение в ситуацию общения）

情境一：郑州某大学的一名俄罗斯外教鲍里斯今天准备乘坐 G86 次列车前往北京出差。在郑州东站进站安检的时候，随身携带了违禁物品。

思考：作为当值安检人员的你，应该如何与他沟通这个事情？被没收的物品该如何处置呢？

情境二：一个俄罗斯旅行团从莫斯科飞往北京，他们将在北京高铁站乘坐高铁到古城南京游览旅行。如果你是北京高铁站检票口的工作人员，他们来向你询问他们的车票是不是 20 号检票口，列车何时开始检票，检票需要出示什么证件。

思考：如何用俄语回答他们的问题？你是否可以清楚解释检票流程？

情境三：在中国北京工作的俄罗斯人安德烈利用五一假期一个人来上海旅游，短暂的 7 天假期一晃而过，安德烈准备乘坐 G28 次列车返回北京。就在其过完安检来到二楼候车厅找到座位坐下，想要给朋友打电话时，发现随身携带的黑色小包不见了。小包中装有安德烈的手机、护照以及一部分现金，傻了眼的安德烈这才想起，应该是在过安检时着急取大包，把小包落在了那里。于是，他赶忙返回安检处寻找。

思考：安德烈向正在安检岗位上的你寻求帮助，你将如何帮助他？你知道怎么使用俄语安抚他的情绪，并告诉他小包在失物招领处？

二、语言知识（лингвистические знания）

I. 情景对话（диалоги-образцы）

1

原文：

Сотрудник：Добрый день! Пожалуйста, поставьте свой багаж на конвейерную ленту. И маленькую сумку тоже.

Борис：Хорошо.

Сотрудник：Отпейте из бутылки, пожалуйста?

Борис：Хорошо, это вода.

Сотрудник：Извините, в сумке есть что-то запрещённое. Откройте её, пожалуйста.

Борис：Это сувенир, который мой друг купил в турпоездке — нож.

Сотрудник：Мне жаль, но это запрещённый предмет. Вы не можете взять его с собой на поезд.

Борис：Что мне делать?

Сотрудник：Есть два варианта: первый - выбросить в мусорное ведро, второй - положить в камеру хранения и забрать, когда вернётесь.

Борис：Хорошо, скажите, пожалуйста, где находится камера хранения?

Сотрудник：У кассы, там есть комната, персонал зарегистрирует ваши вещи и положит их на хранение. Сейчас встаньте сюда, пожалуйста, ...повернитесь...хорошо, вы можете забрать свой багаж. Проверка закончена, спасибо.

Борис：Спасибо вам!

Сотрудник：Пожалуйста.

参考译文：

工作人员：下午好！请把行李放到传送带上，还有小背包。

鲍里斯：　好的。

工作人员：您能喝一下瓶子里的液体吗？

鲍里斯：　好的，这是水。

工作人员：不好意思，包里有违禁物品，请您打开它。

鲍里斯：　这是我朋友在旅游景区买的纪念品——小刀。

工作人员：很遗憾的通知您，这是违禁物品，不能带上火车。

鲍里斯：　那我该怎么办呀？

工作人员：有两个选择，第一是扔到垃圾桶；第二是放在寄存处，等您回来的时候再取。

鲍里斯：　好的，请问寄存处在哪里？

工作人员：在售票处旁边，有一个房间，工作人员会登记并保管您的东西。接下来，请您站到这里，请转身。好的，您可以取行李了，检查结束了，感谢配合。

鲍里斯：　谢谢您！

工作人员：不客气。

2

原文：

У выхода на платформу номер 20

Анна: Здравствуйте! Скажите, пожалуйста, это выход на платформу номер 20, да? У меня поезд G3, это мой турникет?

Сотрудник: Здравствуйте! Да, вы сканируете билет и паспорт через этот турникет. Поезд отправится через полчаса, посадка начнётся через 15 минут, а закончится за 3 минуты до отправления поезда.

Анна: Хорошо. Какие документы мне нужно показать вам?

Сотрудник: Ваш билет и паспорт.

Анна: Понятно. Спасибо вам.

Сотрудник: Не за что!

参考译文：

在 20 号检票口处

安娜：　　您好！请问这里是 20 号检票口吗？我将乘坐 G3，是在这个口检票吗？

工作人员：您好！是的。您将在这个口检票和检验护照进站。列车将在半小时后出发，15 分钟后开始检票，列车出发前 3 分钟停止检票。

安娜：　　好的。检票时我出示什么证件呢？

工作人员：您的票和护照。

安娜：　　明白了，谢谢您。

工作人员：不客气！

3

原文:

Андрей: Здравствуйте! Скажите, пожалуйста, это выход на платформу 24 А?

Сотрудник: Здравствуйте! Нет. Это выход на платформу 24 В. Выход на платформу 24 А там, напротив.

Андрей: Ой, да-да. Интересно, какая разница между выходами на платформу 24 А и 24 В?

Сотрудник: Посмотрите на экран вверху нашего выхода. Там написан номер поезда, время отправления поезда, номера вагонов поезда. Здесь написано: вагоны 9-16. Значит, билеты вагонов 9-16 проверяются через этот турникет, выход 24 В. А остальные билеты, то есть билеты вагонов 1-8 проверяются через тот турникет, выход 24 А.

Андрей: Понятно.

Сотрудник: Покажите мне ваш билет.

Андрей: Вот он.

Сотрудник: У вас место в вагоне 12. Вы сканируете билет здесь.

Андрей: Хорошо, большое спасибо. Короче говоря, нужно сверять информацию на экране над выходом на платформу и на своем билете. Теперь понятно.

Сотрудник: Правильно. Кстати, посадка на ваш поезд начнётся через 20 минут.

Андрей: ОК, Спасибо.

Сотрудник: Не за что.

参考译文:

安德烈: 您好！请问这是24A检票口吗?

工作人员: 您好，不是的先生。这是24B检票口。我们对面那个是24A检票口。

安德烈: 哦是是。很好奇检票口24A和24B有什么区别?

工作人员: 请您看一下闸机上方这个电子屏，上面写着车次、发车时间和车厢号。这里写着9至16号车厢，意思是，9至16号车厢在24B检票口检票，对于其他的票，也就是1至8号车厢的车票，在对面的24A检票口检票。

安德烈: 明白了。

工作人员: 请给我看一下您的票。

安德烈: 给您。

工作人员: 您的座位在12车厢，您在这里检票。

安德烈: 好，非常感谢。简单说，我需要注意闸机上方屏幕信息和票面信息。现在明白了。

工作人员: 对的，先生。顺便说一下，20分钟后您的列车将开始检票。

安德烈: 好的，谢谢。

工作人员: 没什么。

4

原文:

Маша: Здравствуйте! Скажите, пожалуйста, почему посадка ещё не начинается? Ведь уже пора.

参考译文:

玛莎: 您好！请问为什么还不检票，已经到时间了。

Сотрудник: Здравствуйте! Извините, ваш поезд опаздывает из-за плохой погоды. Есть сведения, что поезд прибудет через 1 час.

Маша: Так долго! Кошмар! И что теперь делать?

Сотрудник: Успокойтесь, я сообщу вам о прибытии поезда и начале посадки. Спасибо вам за понимание и сотрудничество.

Маша: Ну ладно.

工作人员：您好！对不起，您的列车因为恶劣天气晚点了，显示将在一小时后到站。

玛莎：这么久！糟糕！那现在能做些什么呢？

工作人员：请冷静一下。我将及时通知您检票消息。感谢您的理解和配合。

玛莎：行吧。

5

原文：

Андрей: Извините. Мне кажется, что я потерял мою маленькую сумку где-то здесь.

Ты: Не волнуйтесь. Когда вы вошли в зал ожидания?

Андрей: Десять минут назад. Я положил её на конвейерную ленту, и забыл забрать.

Ты: А какого цвета ваеша сумка? И что в ней было?

Андрей: Чёрная, и в ней лежали паспорт, мобильный телефон и наличные.

Ты: Хорошо, только что мой коллега нашел черную сумку, он положил ее в отдел утерянного багажа. Следуйте за мной.

Андрей: Отлично!

Ты: Это ваша сумка?

Андрей: Да.

Ты: Проверьте, пожалуйста, вещи в ней.

Андрей: Хорошо, благодарю вам. До свидания!

Ты: Счастливого пути!

参考译文：

安德烈：不好意思，我好像把我的小包弄丢了。

你：别着急，您什么时候进的候车大厅？

安德烈：10 分钟前。我把它放在了传送带上，然后忘了拿起来了。

你：你的包是什么颜色的，里面有什么东西？

安德烈：黑色的，里面有护照、手机和现金。

你：好的，我的同事刚才捡到了一个黑色的包，他把它放在了失物招领处。请跟我来。

安德烈：太好了！

你：这是您的包吗？

安德烈：是的。

你：请检查一下里面的东西。

安德烈：好的，谢谢您，再见！

你：一路顺风。

II. 词汇（новые слова）

опоздать 迟到、晚点
турникет 闸机
экран 屏幕
посадка 让……乘车或登机
проверка безопасности 安全检查
сканер багажа (интроскоп) X光机
досмотр багажа 行李检查
ворота безопасности 安全门
багаж 行李
задерживать-задержать 拘留、扣押
взрывчатые предметы 爆炸性物品
воспламеняющиеся предметы 易燃物品
запрещенные предметы 违禁物品
металлические предметы 金属物品
опасные предметы 危险物品
сигарета 烟草
удостоверение личности 身份证
мобильный телефон 移动电话
конвейер 输送带
зажигалка 打火机
обнаруживать-обнаружить 探测
конфисковывать-конфисковать 没收
отдел утерянного багажа 失物招领
служба безопасности 安检人员
пункт досмотра безопасности 安检站
ценности 贵重物品
паспорт 护照
билет 票
платформа 站台

III. 重点语法和词汇（ключевая грамматика и лексика）

вокзал, станция, остановка, стоянка 这几个词在意义上很接近，都表示“车站”，但它们在具体含义上有区别，并不能相互代换，使用这些词时要注意下列几点：

1. вокзал 和 станция 都作“火车站”讲，但 станция 是指“火车停车站”。因此有 станция отправления（始发站）、назначения（到达站）、пассажирская станция（客运站）、грузовая станция（货运站）之分。无论大站、小站，都称为 станция。例如：

На этой станции поезд стоит 10 минут. 这一站火车停十分钟。

Наш поезд останавливается на каждой станции. 我们这列火车逢站就停。

Товарищ проводник, скоро ли будет станция? 列车员同志，快到站了吗？

而 вокзал 是指车站上的建筑物，一般大站才有，这种车站内一般设有售票厅、侯车室、问询处、行李保管处、小卖部等。例如：

Она (Натка) представила себе огромный, шумный вокзал. где все суетятся, спешат, провожают, прощаются.

她（娜特卡）设想在一个巨大的、人声嘈杂的车站，人们匆匆忙忙地在赶车、送人、相互告别。

В столице скоро будет построен самый большой, самый красивый в стране вокзал.

首都很快即将建成国内最大、最美丽的车站。

2. 地铁的车站称作 станция。例如：

Кассы есть на каждой станции метро. 地铁的每个车站上都有售票处。

Вы не подскажете, где ближайшая станция метро?

“您知不知道，离这儿最近的地铁站在哪儿？”

3. остановка 指公共汽车、无轨电车、电车的车站。例如：

—Вы выходите на этой остановке? “您这一站下车吗？”

—Нет. “不下。”

Молодой человек, вы не знаете, где остановка 5-ого троллейбуса?

小伙子，您知不知道，5路无轨电车站在哪儿？

4. стоянка 表示“停车场”。例如，стоянка такси（出租车停车场），стоянка машин（汽车停车场），стоянка велосипедов（自行车停放处）等。例如：

Вы не подскажете, где поблизости стоянка такси?

您知不知道，附近哪儿有出租汽车停车场？

—Девушка, здесь ставить велосипед нельзя. “姑娘，这里不许停放自行车。”

—А где мне его поставить? “那我把车放哪儿呀？”

—Вон там стоянка велосипедов. “那边有存车处。”

IV. 主要句型（главные речевые структуры）

1. Доброе утро / день / вечер / девушка, покажите мне ваш паспорт.
   早上/下午/晚上好，姑娘，请出示一下您的护照。
2. Пожалуйста, покажите мне ваше удостоверение личности. 请给我看下您的身份证。
3. Извините, ваше удостоверение личности не позволяет вам пройти сюда. Пройдите в ту сторону, пожалуйста. 对不起，您的证件不允许走这里，请走那边。
4. Хорошо. Пожалуйста, пройдите внутрь/вперёд. 好的，请进来/往前走。
5. Извините, с вашим паспортом возникли проблемы. Пожалуйста, подождите немного.
   对不起，您的护照有问题，请稍等片刻。
6. Пожалуйста, подождите за жёлтой линией. 请在黄线后等待。
7. Извините, это только для сотрудников. 对不起，这只适用于工作人员。
8. Пожалуйста, проходите через детектор по одному. 请逐一通过安检仪。
9. Пожалуйста, поставьте свой багаж на конвейерную ленту. 请将您的行李放在传送带上。
10. Пожалуйста, положите все металлические предметы, монеты, мобильные телефоны, жевательные резинки, сигареты, и все, что покрыто алюминиевой фольгой, в корзину.
    请将所有金属物品，如硬币、手机、口香糖、香烟和任何用铝箔覆盖的东西放入篮子。
11. Снимите пиджак, пожалуйста. 请脱掉你的外套。
12. Что-нибудь ещё есть в кармане? 您的口袋里还有什么东西吗？
13. Пожалуйста, положите свои вещи в корзину. 请把您的东西放在篮子里。
14. Отпейте, пожалуйста из бутылки? 您能尝下瓶子里的液体吗？
15. Не проносите на вокзал никакие запрещенные предметы.
    不要携带任何违禁物品进站。
16. Пожалуйста, проходите на досмотр. 请接受检查。
17. Пожалуйста, встаньте. 请站上来。
18. Что в сумке? Откройте её, пожалуйста. 包里有什么，请打开。

19. Повернитесь, пожалуйста. 请转身。
20. Эти предметы запрещено провозить согласно закону, они будут конфискованы. Вот ваша квитанция. 这些物品是法律所禁止的，将被没收。这是您的收据。
21. Вы можете забрать свой багаж. 您可以领取您的行李。
22. Проверка закончена, спасибо за сотрудничество. 检查结束，谢谢配合。
23. Это стандартная проверка, пожалуйста, следуйте нашим указаниям. 例行检查，请配合。
24. Мне жаль, но это запрещённый предмет. Вы не можете взять его с собой в поезд. 我很抱歉地通知您，这是违禁品，不能带上火车。
25. Поезд отправится через …минут, посадка начнётся через …минут. 列车将在……分钟后发车，将在……分钟后开始检票。
26. Посадка кончится за 3 минуты до отправления поезда. 列车发车前3分钟停止检票。
27. Я своевременно сообщу вам о начале посадки на поезд. 我将及时通知您检票消息。
28. Билеты вагонов 9-16 проверяются через этот турникет. 9至16车厢在此闸机检票。
29. Это выход на платформу... 这里是……检票口。

V. 练习（упражнения）

Упражнение 1 选出对应的汉语翻译

А. Положите чемоданы на конвейер.	1. 给我看下您的护照。
Б. Что у вас в кармане?	2. 检票口在哪里？
В. Покажите ваш паспорт.	3. 您的口袋里有什么？
Г. Где выход на платформу?	4. 票上的座位号是多少？
Д. Какой номер платформы у моего поезда?	5. 可以拿走您的东西。
Е. Можете забрать вещи.	6. 请将行李箱放在传送带上。
Ё. Какой номер места указан на билете?	7. 我的车次在哪个站台？

Упражнение 2 用适当语句补足下列对话

1.

А: ____(1)____.

В: Что случилось, зачем открыть сумку?

А: ____(2)____?

В: Да, две бутылке воды.

А: Откройте, воду отпейте, пожалуйста.

В: ____(3)____.

А: Что-нибудь ещё запрещённое к провозу у вас есть?

В: ____(4)____.

А: Проходите, пожалуйста.

В: ____(5)____.

2.

A: Скажите, здесь ожидают поезд Г296 в Москву?

B: ____(1)____.

A: Когда начнётся посадка?

B: ____(2)____.

A: Надолго поезд опаздывает?

B: ____(3)____.

A: ____(4)____.

B: Опоздания поездов происходят из-за плохой погоды.

A: ____(5)____.

B: Примите извинения за доставленные неудобства.

Упражнение 3 请结合下图设置一段完整的情景对话

VI. 参考答案（ключи к упражнениям и заданиям）

Упражнение 1

А. Положите чемоданы на конвейер.	1. 请将行李箱放在传送带上。
Б. Что у вас в кармане?	2. 您的口袋里有什么？
В. Покажите ваш паспорт.	3. 给我看下您的护照。
Г. Где выход на платформу?	4. 检票口在哪里？
Д. Какой номер платформы у моего поезда?	5. 我的车次在哪个站台？
Е. Можете забрать вещи.	6. 可以拿走您的东西。
Ё. Какой номер места указан на билете?	7. 票上的座位号是多少？

Упражнение 2

1.

(1) <u>Откройте, пожалуйста, вашу сумку</u>.

(2) <u>Жидкость есть в ней</u>?

(3) <u>Хорошо, без проблем</u>.

(4) <u>Ничего</u>.

(5) <u>Спасибо</u>.

2.

(1) <u>Да, верно</u>.

(2) <u>Пока не понятно, поезд опаздывает</u>.

(3) <u>Точно сказать не могу, следите за расписанием</u>.

(4) <u>Опять не сможем вовремя домой приехать</u>.

(5) <u>Это я понимаю, но это очень не удобно</u>.

三、技能实践：情境演练（ситуационные упражнения）

请同学们根据给定情境完成工作情境对话并填写表格。

工作情境一

工作情境主题	你是郑州东站的一名安检人员，一名俄罗斯游客随身携带了违禁物品，你提醒他开包检查并解释如何处理违禁品。
参与者	
角色分配	
预计完成的工作目标	
情节对话设计（俄语）	
工作情境核心语句（俄语）	
难点或出错语句	
实践分析	1. 是否顺利用俄语处理该项工作？ 2. 工作难点及语言难点是什么？ 3. 如何克服难点？ 4. 如何改善工作及语言能力？ 5. 对自己的强化目标是什么？ 6. 本次工作情境演练成功之处是什么？
实践总结	1. 心得总结 2. 语言总结

工作情境二

工作情境主题	你是郑州东站的安检人员，两名乌兹别克斯坦的游客过安检时把背包忘在了安检仪处，他们又返回寻找，你协助他们寻找背包。
参与者	
角色分配	
预计完成的工作目标	
情节对话设计（俄语）	
工作情境核心语句（俄语）	
难点或出错语句	
实践分析	1. 是否顺利用俄语处理该项工作？ 2. 工作难点及语言难点是什么？ 3. 如何克服难点？ 4. 如何改善工作及语言能力？ 5. 对自己的强化目标是什么？ 6. 本次工作情境演练成功之处是什么？
实践总结	1. 心得总结 2. 语言总结

四、技能提升：小组顶岗实习演练（практические упражнения）

请同学们分小组进行俄语演练，选定顶岗实习人员，设计工作情节，完成实习演练并书写实习工作日志。

现在你是一名在郑州东站的实习安检人员。一名外国游客随身的背包中放了一把纪念刀具，这在中国属于管制刀具，不能带上火车，于是你……

小组成员：

售票员：

乘客：

情节设计：

根据情节展开工作，由指导教师指点并评价：

工作日志

时间：

地点：

岗位：

工作过程：

自我评价：

五、拓展学习（дополнительные знания）

60后检票员“老荆”的事迹

如何乘坐俄罗斯火车

思考与讨论：你如何评价老荆？你觉得在他的身上哪些品质最可贵？你是否愿意做这样一名默默无闻、坚守一线的平凡铁路员工？

УРОК 4

乘车服务

Обслуживание пассажиров в пути

本课学习目标（цель обучения）

1. 知识目标

(1) 学习客运铁路车厢工作的基本内容；

(2) 学习处理车厢内旅客违规行为、列车进出站的俄语表达方式；

(3) 学习车厢查验乘车票据、办理到站变更的词汇、句型。

2. 能力目标

(1) 具备应对车厢服务的基本岗位技能；

(2) 具备处理铁路车厢内不同情境下的语言交流能力；

(3) 具备专业的沟通技巧。

3. 素质目标

(1) 树立正确积极的工作意识和服务态度；

(2) 能在不同的场景下正确恰当地表达情感和运用语言；

(3) 具备爱岗敬业、尽职尽责的职业操守。

一、情境导入（введение в ситуацию общения）

交通强国，铁路先行。铁路作为安全稳定、经济实惠的方式在大众交通工具中扮演着举足轻重的地位。近些年来，随着高速铁路的快速发展，铁路出行的舒适度也显著提升。这离不开老一辈乘务人员默默无闻的坚守，也离不开年轻乘务人员青春洋溢的付出。

如今在中国铁路列车上不乏外国人的身影，这对乘务员涉外服务水平提出了新的要求。

情境一：正在列车门口迎接上车乘客的你，遇到了一些白俄罗斯乘客。

思考：你要如何用俄语顺利完成检票和指引？运行途中白俄罗斯乘客需要延长车票，你会运用到哪些俄语句型？

情境二：正在车厢内巡检的你发现，白俄罗斯乘客的箱包摆放不合理，茶杯未盖盖子，疫情防疫期间口罩未戴好。

思考：你如何用俄语让乘客明白其行为违规，引导乘客改正呢？

二、语言知识（лингвистические знания）

I. 情景对话（диалоги-образцы）

1

原文：

У двери вагона

Проводник： Здравствуйте! Покажите ваш билет.

Пассажир： Здравствуйте! Пожалуйста, мой билет.

Проводник： Номер вашего вагона — 5 (пять), ваше место – 6 (шесть). Проходите вперёд, ваше место в переднем ряду.

Пассажир： Хорошо, спасибо вам.

参考译文：

车厢门口

乘务员：您好！出示您的车票。

乘客：您好！给您，这是我的票。

乘务员：您的车厢号是 5，座位号是 06。请上车，向前走，您的座位在前排。

乘客：好的，谢谢。

2

原文：

В купе проводника

Пассажир： Здравствуйте! Есть ли сейчас свободное место в плацкарте?

Проводник： Куда вы собираетесь?

Пассажир： Я еду до конечной станции, до Гуанчжоу.

Проводник： В каком вагоне вы сейчас едете?

Пассажир： Сейчас я в 8 (восьмом) вагоне с сидячими местами.

参考译文：

在列车员室

乘客：您好！请问现在还有没有卧铺票？

乘务员：您去哪？

乘客：我去终点站广州。

乘务员：您现在在哪节车厢？

乘客：现在我在 8 车厢，硬座。

Проводник: До станции Учан не будет спальных мест. Возможно только после станции Учан.

Пассажир: Когда поезд прибудет на станцию Учан?

Проводник: Утром в 2 часа.

Пассажир: Хорошо, тогда после станции Учан я подойду к вам, чтобы поменять билет.

乘务员：武昌站之前不会有卧铺，过了武昌站可能有。

乘客：列车几点到武昌站？

乘务员：凌晨两点。

乘客：好吧，那就过了武昌站我再来找您补卧铺票吧。

3

原文：

—Здравствуйте! Покажите ваш паспорт.

—Пожалуйста.

—Поезд прибудет на Восточный вокзал Чжэньжоу в 13:10. Пожалуйста, наденьте вашу маску.

—Хорошо.

—Дамы и господа, пожалуйста, надевайте правильно ваши маски в вагоне. Во время эпидемии, пожалуйста, проявите особое внимание к указаниям наших сотрудников.

参考译文：

—你好！请出示您的护照。

—给您。

—列车将于13:10抵达郑州东站。请您带上口罩。

—好的。

—先生女士们，请您在车厢内佩戴好口罩。疫情防控期间请您配合我们的工作。

4

原文：

—Здравствуйте! Скажите, где можно взять кипяток?

—Кипяток в конце вагона. Идите прямо и увидите.

—Хорошо, спасибо.

—Не наливайте горячую воду до краёв, будьте осторожны!

—Окей.

参考译文：

—你好！哪里有开水？

—开水在车厢尽头。往前走就看见了。

—好，谢谢。

—热水不要接太满，小心一点！

—行。

5

原文：

В вагоне скоростного поезда

—Здравствуйте, молодой человек, это ваш чемодан?

—Да, это мой.

参考译文：

高铁车厢内

—您好先生，这是您的行李箱吗？

—是的，是我的。

—Ваш чемодан слишком большой: у вас здесь его некуда ставить. Давайте положим ваш чемодан на большую багажную полку, хорошо?

—您这个箱子有点大，放在您这儿太挤了，我们把您的行李箱放在大件行李架上，可以吗？

—Хорошо, спасибо.

—好的，谢谢。

—Это ваш рюкзак?

—这是您的书包吗？

—Да, мой.

—是我的书包。

—Разрешите помочь вам положить рюкзак на багажную полку наверху. Маленький столик не выдержит такого тяжелого рюкзака.

—我帮您把书包放在上面的行李架上吧，小桌板承受不住这么重的书包。

—Хорошо.

—好的。

—Извините, ещё попрошу вас закрыть крышку термоса, чтобы не обжечься.

—不好意思，还要麻烦您把杯子的盖子拧紧盖好，以免水洒烫伤。

—Хорошо, хорошо!

—好的，好的。

II. 词汇（**новые слова**）

проводник 乘务员
проходить 走，通过，穿过，走过去
вперёд 向前，往前，前进
передний 前面的，前边的，前部的，正面的
ряд 排，列，系列
показать 展示，出示
спальный[形] 睡眠用的
конечный[形] 最终的，最后的，有限的
конечная станция 终点站
Гуанчжоу 广州
сидеть 坐在；（鸟类）栖息；闲坐着，呆着；处于（某种状态），从事
восьмой[序数词] 第八
вагон с сидячими местами 硬座车厢
спальный вагон 卧铺车厢
перед[前置词][接五格] 在……前面
Учан 武昌
прибыть 到达，抵达
после[前置词][接二格] 在……之后
паспорт 护照，身份证
нужно[副词][无人称句中，主体三格] 需要，必须，应该
заказать 订制，订购，点菜，预定
порция 一部分，批，份
блюда блюдо的复数，菜，饭菜
приготовить （饭菜）稍好，安排好，准备好
говядина 牛肉
картофель[阳] 土豆
овощи овощ的复数，蔬菜
рис 米饭，大米
яичный 鸡蛋的
суп 汤
принести 拿来，送来，捎来，带来，造成
чуть[副] 稍微，微微，刚刚
позже[поздний 和 поздно 的比较级] 以后，然后
можно[作无人称谓语] 可以，可能，能行
получить 获得，取得，收到，接受任务
кипяток 开水
положить 放，放置
конец 终止，终点，末端，
идти[通常接名词四格] 走路去
увидеть 看见，看到，见到
наливать до краёв 倒满，灌满 ，添注
горячая вода 热水

высокоскоростной 高速的

великоват (слишком большой)[形][口语] （尺寸）有点儿大

слишком 太，过于，过分

тесно[副] 拥挤，不宽敞，密切

термос 保温杯

обжечься 烫烧

багажная полка 行李架

III. 重点语法与词汇（ключевая грамматика и лексика）

1. В + 名词六格表示地点、位置，回答 где 的问题，表示"在……里"

(1) передний[形容词] 前面的，前部的。例如：

переднее колесо 前轮 передний край 前沿

(2) ряд 列，序，排，行。例如：первый ряд 第一排\列 овощной ряд 蔬菜那一排

в переднем ряду：前置词 в+形容词前面的 передний 和名词排 ряд 的六格，译作"在前排"。

与名词六格连用的前置词还有 на, о. на 加名词第六格，表示"在……上"，о 加名词第六格表示"有关、关于……"。

名词第六格变格规则

名词	阳性	阴性	中性
单数名词	辅音字母+ е й 变 е ь 变 е ия 变 ии	а,я 变 е ь 变 и ия 变 ии	о 变 е е 不变 ие 变 ии
复数名词	辅音字母 + ах，а 和 о 变 ах，й, ь, я 变 ях		

注意：① 有个别名词变六格时，结尾为- у，例如：ряду, саду, мосту.

② 下列名词的复数第六格形式为：

братья — братьях друзья — друзьях дети — детях

матери — матерях времени — временах имена — именах

2. 动词命令式

俄语动词有命令式形式（повелительное наклонение），用来表示命令、请求、建议、劝告对方进行某种行为，有单数和复数之分。其主要形式为第二人称命令式，另外还有第一、第三人称命令式，应用较少。

1) 动词第二人称命令式

单数第二人称命令式由未完成体动词现在时或完成体动词将来时复数第三人称形式去掉词尾，再加上命令式结尾-й,-и,-ь 构成。在单数第二人称命令式之后，加上-те 就成为复数第二人称命令式。

(1) 常规构成情况：

① 以-й 结尾的形式：如果动词复数第三人称变位词尾前是元音字母，则该动词的命令式以-й 结尾。例如：

читать(читают) — читай(те) петь(поют) — пой(те)

танцевать(танцуют) — танцуй(те) строить(строят) — строй(те)

② 以-и 结尾的形式：如果动词复数第三人称变位词尾前是辅音字母，且单数第一人称变位重音在词尾，则该动词命令式以带重音的-и 结尾。例如：

идти(иду, идут) — иди(те)　　писать(пишу, пишут) — пиши(те)

заходить(захожу, заходят) — заходи(те)

如果这类动词有带重音的前缀 вы-时，则该动词的命令式仍以-и 结尾，但不带重音。例如：

выйти(выйду, выйдут) — выйди(те)

выписать(выпишу, выпишут) — выпиши(те)

有些动词单数第一人称变位重音虽不在词尾，但复数第三人称变位词尾前有两个并列辅音字母，则该动词的命令式也以-и 结尾。例如：

запомнить(запомню, запомнят) — запомни(те)

закончить(закончу, закончат) — закончи(те)

③ 以-ь 结尾的形式：如果动词复数第三人称变位词尾前是一个辅音字母，且单数第一人称变位重音在词干上，则该动词的命令式以-ь 结尾。例如：

ответить(отвечу, ответят) — ответь(те)

готовить(готовлю, готовят) — готовь(те)　　сесть(сяду, сядут) — сядь(те)

④ 带-ся 动词：带-ся 动词第二人称命令式的构成方法与不带-ся 动词相同，只是-ся 在元音后变成-сь。例如：

учиться — учись, учитесь　　остаться — останься, останьтесь

собираться — собирайся, собирайтесь

(2) 特殊构成情况：

① давать, задавать, узнавать, вставать 等以-авать 结尾的动词的命令式是由不定式词干加 й 构成。例如：

давать — давай(те)　　задавать — задавай(те)

узнавать — узнавай(те)　　вставать — вставай(те)

② дать 以及由它加前缀派生的动词的命令式也是由该动词不定式词干加 й 构成。例如：

дать — дай(те)　　передать — передай(те)

③ 不定式词干中有-и 的单音节动词 пить,бить,шить,лить 以及由这类动词加前缀而派生的动词构成命令式时，去掉-ть，将 и 变成-ей(те)。例如：

пить — пей(те) выпить — выпей(те)　　бить — бей(те) побить — побей(те)

лить — лей(те) налить — налей(те)　　шить — шей(те) сшить — сшей(те)

④ 动词 ехать, поехать 的命令式为 поезжай(те),动词 лечь 的命令式为 ляг(те),动词 есть（吃）的命令式为 ешь(те)。

⑤ 个别动词不能构成命令式，如 хотеть, мочь, видеть, слышать 等。

(3) 动词第二人称命令式的用法：

① 当说话对方是一个人，又是朋友、晚辈时，则用第二人称命令式的单数形式。

② 当说话对方是两人或两人以上，或对方虽是一人，但为了表示礼貌，则用第二人称命令式的复数形式。

③ 口语中常用完成体动词将来时与语气词 не 连用，表示语气委婉的请求，这时候句子没有否定意义。

2) 动词第一人称命令式

动词第一人称命令式是用来表示说话者请求对方和自己一起进行某种行为。这类命令式的结构如下：

(1) 语气词 давай(те) + 未完成体动词不定式。例如：

Давай(те) петь. 咱们唱歌吧！

(2) 语气词 давай(те) + 完成体动词将来式复数第一人称。例如：

Давай(те) посоветуемся. 我们商量一下吧！

3) 动词第三人称命令式

动词第三人称命令式用来命令、吩咐第三者进行某行为。这类命令式的结构是：语气词 пусть + 动词第三人称现在时（未完成体动词变位）或将来时（完成体动词变位）形式。例如：

Не будите его, пусть он спит. 别叫醒他，让他睡。

Пусть она купит молока, а мы сходим за хлебом. 让她买牛奶，我们去买面包。

3. 形容词第五格

前置词 с + 名词五格表示“和……一起，带……”。с 后面修饰名词的形容词同样要用五格。形容词与单数第五格阳性、中性名词连用：硬变化词尾为-ым，软变化词尾为 -им；词尾前以 г, к, х, ж, ш 结尾的硬变化形容词，因 г, к, х, ж, ш 后不写 ы，其词尾也为-им。与阴性第五格名词连用，硬变化词尾为-ой，软变化词尾为-ей。

形容词与复数名词五格连用时，硬变化词尾为-ыми，软变化词尾为-ими，如下表所示：

形容词	一格	五格	词尾
阳性	новый великий большой хороший	нов**ым** велик**им** больш**им** хорош**им**	**-ым** **-им**
中性	новое великое большое хорошее	нов**ым** велик**им** больш**им** хорош**им** （同阳性）	**-ым** **-им** （同阳性）
阴性	новая великая большая хорошая	нов**ой** велик**ой** больш**ой** хорош**ей**	**-ой** **-ей**
复数	новые великие большие хорошие	нов**ыми** велик**ими** больш**ими** хорош**ими**	**- ыми** **- ими**

例如： билет со **спальным** местом 卧铺票

вагон с **обычными** местами для сидения 普通硬座车厢

В поезде я познакомился с этой **красивой русской** девушкой.

在火车上我认识了这位漂亮的俄罗斯姑娘。

4. 序数词的表达法及变格

(1) 序数词表示事物的顺序，回答“который?”的问题。例如：

первый 第一	второй 第二	третий 第三
четвёртый 第四	пятый 第五	шестой 第六
седьмой 第七	восьмой 第八	девятый 第九
десятый 第十	одиннадцатый 第十一	двенадцатый 第十二
тринадцатый 第十三	четырнадцатый 第十四	пятнадцатый 第十五
шестнадцатый 第十六	семнадцатый 第十七	восемнадцатый 第十八
девятнадцатый 第十九	двадцатый 第二十	двадцать первый 第二十一
двадцать второй 第二十二	двадцать третий 第二十三	двадцать четвёртый 第二十四
двадцать пятый 第二十五	двадцать шестой 第二十六	двадцать седьмой 第二十七
двадцать восьмой 第二十八	двадцать девятый 第二十九	тридцатый 第三十
сороковой 第四十	пятьдесятый 第五十	шестьдесятый 第六十
семидесятый 第七十	восьмидесятый 第八十	девяностый 第九十
сотый 第一百	двухсотый 第二百	трёхсотый 第三百
четырёхсотый 第四百	пятисотый 第五百	шестисотый 第六百
семисотый 第七百	восьмисотый 第八百	девятисотый 第九百
тысячный 千	миллионный 百万	

(2) 序数词同形容词一样，有性、数、格的变化。其变格规则与形容词硬变化相同，只有 третий（第三）变化特殊。

① 序数词第一至第十的阴、阳、中性形式：

序数词	阳性	中性	阴性
第一	первый	первое	первая
第二	второй	второе	вторая
第三	третий	третье	третья
第四	четвёртый	четвёртое	четвёртая
第五	пятый	пятое	пятая
第六	шестой	шестое	шестая
第七	седьмой	седьмое	седьмая
第八	восьмой	восьмое	восьмая
第九	девятый	девятое	девятая
第十	десятый	десятое	десятая

② 序数词硬变化及软变化的变格形式：

格	单数			复数
	阳性	中性	阴性	
第一格	первый	первое	первая	первые
第二格	первого		первой	первых
第三格	первому		первой	первым
第四格	同一或二	同一	первую	同一或二
第五格	первым		первой	первымн
第六格	(о)первом		(о)первой	(о)первых

格	单数			复数
	阳性	中性	阴性	
第一格	третий	третье	третья	третьи
第二格	третьего		третьей	третьих
第三格	третьему		третьей	третьим
第四格	同一或二	同一	третью	同一或二
第五格	третьим		третьей	третьими
第六格	(о)третьем		(о)третьей	(о)третьих

例如：в 8 (восьмом) вагоне　　在第 8 车厢

в 3 (третьем) зале ожидания　　在第 3 候车室

на 10 (десятом) выходе на платформу　　在第 10 检票口

5. чтобы 引导的表示目的的主从复合句

(1) 在带目的从句的主从复合句中，从句在语义上表示主句积极行为的目的。чтобы 是最常用的连接词，чтобы 引导的目的从句可以位于主句之前或之后。例如：

Я приду к вам, чтобы поменять билет.　　我来找您办理车票。

Чтобы получить хороший результат, надо упорно трудиться.

想要取得好结果就要努力，再努力。

(2) 当主、从句为同一个行为主体，从句谓语用动词不定式形式。例如：

Он изучает русский язык, чтобы поехать в Россию.　　他学习俄语是为了去俄罗斯。

Начальник приехал на вокзал, чтобы решить проблемы пассажиров.

领导来到车站是为了解决乘客的问题。

(3) 当主、从句为不同的行为主体时，从句谓语通常用动词过去时形式。例如：

Я расскажу вам об этом, чтобы вы зря не теряли времени.

我给您讲述这些是为了让您不白白浪费时间。

Институт решил так сделать, чтобы студентам было удобнее.

学校这么做是为了让学生更舒适一些。

6. 情态动词 нужно, надо, можно, пора, нельзя 的用法：

нужно（需要）、надо（应该，应当）、можно（可以，能够）、пора（该，是时候……）、нельзя（不可以，不能……）这些词后面要求动词不定式，发出动作的主体要用三格。例如：

Мне нужна порция обеда. 我需要一份午餐。

Вам надо положить чемодан на багажную полку. 您应该把行李放在行李架上。

Пора проверить билеты. 该检票了。

Нельзя говорить с пассажирами слишком громким голосом. 不可以和乘客们大声讲话。

7. положить что, куда 把什么东西放置到某个位置

положить 放，放置，平放，放入。放置什么东西或者物品用四格，放到某个位置用前置词 в\на +四格。例如：

Положить чемодан на багажную полку. 把行李放在行李架上。

Положить продукты в машину. 把吃的放入车里。

Положите ваш документ сюда. 把您的证件放在这里。

Нельзя класть ноги на маленький столик. 不能把脚放在小桌板上。

Пожалуйста, положите мусор в мешок для мусора. 请把垃圾放入垃圾袋中。

IV. 主要句型（главные речевые структуры）

1. Куда ты собираешься? 你准备去哪？
2. В каком вагоне вы сейчас едете? 您现在坐在哪节车厢？
3. Когда поезд прибудет на станцию Учан? 火车啥时候到武昌站？
4. Мне нужно одну порцию. 我需要一份。
5. Сколько стоит? 多少钱？
6. Будьте осторожны! 请小心！
7. Давайте положим ваш чемодан на большую багажную полку.
   我们帮您把行李箱放在大件行李架上吧。
8. Попрошу вас закрыть крышку термоса, чтобы не обжечься.
   麻烦您把保温杯盖盖好，以防烫伤。

V. 练习（упражнения）

Упражнение 1 翻译下列句子

1. 我应该在哪里补票？
2. 我要补票。多少钱？
3. 请出示您的车票和护照。
4. 我的座位在哪儿？
5. Простите, пожалуйста. Вы не подскажете, где место номер 101?

6. Скажите, во сколько поезд доедет до Шанхая?
7. Уважаемые пассажиры, во время движения поезда курение запрещено.

Упражнение 2 根据示例，填写 но 或 и

Образец：Дверь закрылась, **и** поезд поехал.

Дверь закрылась, **но** поезд не поехал.

1. Я купил билеты на поезд,	________ мы поехали в Москву.
	________ мы не поехали в Москву.
2. Летом мне дали отпуск,	________ я поехал отдыхать на море.
	________ я не поехал отдыхать на море.

Упражнение 3 根据示例，完成下列句子

—Зачем ты едешь на вокзал?

—Чтобы встретить друга. —Я еду на вокзал, чтобы встретить друга.

1. Зачем ты ходил в кассу? (купить билет)
2. Зачем ты ездил в горы? (кататься на лыжах)
3. Зачем вы поехали на автобусе? (посмотреть города)

Упражнение 4 选词填空

Зачем папа купил билет?

Чтобы поехать в Москву. (для себя) Чтобы я поехал в Москву. (для сына)

1. Зачем ты взял в поход радио? **слушать — слушали**

   (а) Чтобы ________ музыку. (б) Чтобы ребята ________ музыку.

2. Зачем они приехали в Пекин? **посмотреть — посмотрели**

   (а) Чтобы ________ город. (б) Чтобы их дети ________ город.

Упражнение 5 用下面的形容词回答问题

новые большой известный детский опытный

1. С каким преподавателем вы поедете в Россию?
2. С какими писателями познакомились дети на выставке?
3. С какой артисткой познакомились аспиранты?
4. С какой девочкой разговаривает врач?
5. С какими студентами разговаривает декан?

Упражнение 6 看图片，设置一段完整的情境对话

VI. 参考答案（ключи к упражнениям и заданиям）

Упражнение 1

1. Где я могу оплатить мой билет в пути?
2. Я хочу купить билет. Сколько это стоит?
3. Ваши билет и паспорт, пожалуйста.
4. Где моё место?
5. 请问，101号座位在哪里？
6. 请问，几点到上海呢？
7. 请问，什么时候开始登机？
8. 尊敬的旅客朋友,列车行驶过程中禁止吸烟。

Упражнение 2

1. и, но　　2. и, но

Упражнение 3

1. —Чтобы купить билет.
   —Я ходил в кассу, чтобы купить билет.
2. —Чтобы кататься на лыжах.
   —Я ездил в горы, чтобы кататься на лыжах.
3. —Чтобы посмотреть города.
   —Мы поехали на автобусе, чтобы посмотреть города.

Упражнение 4

1. (а) слушать　(б) слушали　　2. (а) посмотреть　(б) посмотрели

Упражнение 5

1. опытным　2. детскими　3. известной　4. красивой　5. новыми

三、技能实践：情境演练（ситуационные упражнения）

请同学们根据给定情境完成工作情境对话并填写表格。

工作情境一

工作情境主题	你是高铁 G585 次列车上的乘务员，需要完成查票并询问登记乘客终点站的工作。
参与者	
角色分配	
预计完成的工作目标	
情节对话设计（俄语）	
工作情境核心语句（俄语）	
难点或出错语句	
实践分析	1. 是否顺利用俄语处理该项工作？ 2. 工作难点及语言难点是什么？ 3. 如何克服难点？ 4. 如何改善工作及语言能力？ 5. 对自己的强化目标是什么？ 6. 本次工作情境演练成功之处是什么？
实践总结	1. 心得总结 2. 语言总结

工作情境二

工作情境主题	一名乌克兰乘客找到你询问变更到站并需要延长车票。
参与者	
角色分配	
预计完成的工作目标	
情节对话设计（俄语）	
工作情境核心语句（俄语）	
难点或出错语句	
实践分析	1. 是否顺利用俄语处理该项工作？ 2. 工作难点及语言难点是什么？ 3. 如何克服难点？ 4. 如何改善工作及语言能力？ 5. 对自己的强化目标是什么？ 6. 本次工作情境演练成功之处是什么？
实践总结	1. 心得总结 2. 语言总结

四、技能提升：小组顶岗实习演练（практические упражнения）

请同学们分小组进行俄语演练，选定顶岗实习人员，设计工作情节，完成实习演练并书写实习工作日志。

现在你是郑州发往上海 G362 次列车上的一名实习乘务员。今天你在车厢内工作时，遇到了几位俄罗斯乘客没有按照防疫要求正确佩戴口罩，在过道处聚居大声谈话、嬉笑，影响到其他乘客。你看到后……

小组成员：

售票员：

乘客：

情节设计：

根据情节展开工作，由指导教师指点并评价：

工作日志

时间：

地点：

岗位：

工作过程：

自我评价：

五、拓展学习（дополнительные знания）

高铁乘务员的春运故事

思考与讨论： 通过学习胡程程的工作事迹，我们已经了解到高铁乘务人员的工作内容。如果你是一名高铁乘务人员，你觉得这份工作对你来说最大的挑战是什么？你能从胡程程这样的榜样身上学习到什么？

УРОК 5

应急服务

Чрезвычайные ситуации в пути

本课学习目标（цель обучения）

1. 知识目标

(1) 了解民用铁路客运突发事件的基本概念和应急处置措施；
(2) 学习涉及铁路客运突发事件的俄语专业词汇和常用句式；
(3) 学习特定场景下合理的语言沟通技巧。

2. 能力目标

(1) 掌握用俄语进行特殊乘务服务的基本对话；
(2) 掌握用俄语进行急救处理的基本对话；
(3) 具备在列车晚点、设备故障、乘客拥堵、旅客身体不适等特定情景下的语言沟通能力。

3. 素质目标

(1) 培养学生的思维能力和对知识形成规律性认识的能力，在课堂练习中培养巩固学生使用概念认识新事物的能力；
(2) 培养跨文化思维的思考能力和创新意识，学会利用已有的知识和生活经历来解决实际问题；
(3) 培养学生的团队协作能力和沟通交流能力。

一、情境导入（введение в ситуацию общения）

在家千日好，出门一日难。虽说火车是当前最为稳定且安全的公共交通工具，但乘客在旅途中难免还是会遇到各种突发情况。处理突发事件并向乘客提供帮助是我们铁路工作人员的工作职责。

情境一：今天你正在郑州东站客服中心值班。突然接到乘客电话，电话里的乘客说的不是中文，也不是英语，而是俄语。过了一会儿，一名俄罗斯乘客急匆匆走近客服中心寻求帮助，他的随身行李丢失了。

思考：首先，你是否能够沉着冷静听懂乘客来电需求并给予答复？你又如何帮助俄罗斯乘客找到他的行李箱？

情境二：一个夏日午后，大雨倾盆，郑州东站许多车次晚点或无法准点发车。小铁正在车站候车大厅检票口实习。随着列车持续晚点，候车大厅人潮涌动，乘客们开始焦虑不安。有不明情况的几个白俄罗斯乘客恰好向小铁走近，向小铁询问列车情况。

思考：小铁该如何用俄语准确地向白俄罗斯乘客解释清楚当前状况？如何安抚因不明情况而有点焦虑的白俄罗斯乘客？

二、语言知识（лингвистические знания）

I. 情景对话（диалоги-образцы）

1

原文：

В зале ожидания вокзала

—Служба поддержки. Слушаю вас?

—Здравствуйте! Тут человек болен. Нужно вызвать врача.

—Где вы сейчас находитесь?

—Во 2（втором）зале ожидания.

—А на что жалуется больной?

—Говорит, что голова кружится. По-моему, у него высокое давление.

—Фамилия больного?

—Сергеев Иван Семенович. Когда будет врач?

—Не беспокойтесь. Сейчас вызову дежурного врача. Минут через пять будет у вас.

—Большое спасибо!

参考译文：

火车站候车厅内

—我是服务处，您有什么事？

—您好！我身边有个人生病了，需要请医生来。

—您们现在在哪？

—第二候车厅。

—病人哪儿不舒服？

—他说头晕。我看他应该是血压升高。

—病人姓什么？

—谢尔盖耶夫·伊万·谢苗诺维奇。医生什么时候能到？

—您别着急，我马上就叫值班医生。他大约五分钟后就能到您们那里。

—太感谢您了！

2

原文：

На вокзале

Антон быстро идёт к стойке информации.

Персонал：Здравствуйте. Чем я могу вам помочь?

Антон: Здравствуйте! Я потерял свой чемодан.

Персонал: Где вы его потеряли? На вокзале или в вагоне?

Антон: В вагоне, я думаю. Чемодан небольшой и чёрный.

Персонал: Какой номер поезда? И какой вагон?

Антон: Ой, я не могу вспомнить. Я приехал к вам из Пекина в Чженчжоу.

Персонал: А где ваш билет? Посмотрите на билет, там есть вся информация.

Антон: Точно! Номер моего поезда G485, номер вагона 6. И мое место 02 А. Мой чемодан должен быть около моего места.

Персонал: Хорошо, ваша информация получена. Скажите, ваш номер телефона.

Антон: +86132××××××××.

Персонал: Мы всё проверим и поможем вам отыскать ваш чемодан. Мы позвоним вам, как только найдём его.

Антон: Спасибо вам огромное!

参考译文：

火车站内

安东快步走向问询台。

工作人员：您好，先生！有什么可以帮您的吗？

安东：您好！我的手提行李箱丢了。

工作人员：您的箱子在哪里丢的？车站里还是火车车厢里？

安东：我觉得丢在了车厢里。手提箱尺寸不大，黑色。

工作人员：您乘坐的是哪趟火车？第几车厢？

安东：呀，我有点记不清了。我从北京出发，来到你们郑州的。

工作人员：您的车票呢？您可以看一下车票，上面有所有信息。

安东：是呀！我坐的是 G485 次列车，第 6 车厢，02A 座。我的手提行李箱应该就在座位附近。

工作人员：好的，您说的信息我们都已经记下。麻烦说一下您的联系电话。

安东：+86132××××××××。

工作人员：我们将帮您寻找确认，一有消息就联系您。

安东：太感谢了！

3

原文：

В зале ожидания вокзала

Пассажир: Здравствуйте! Сейчас уже 9:50, наш поезд отправляется в 10:00. Почему вы ещё не начали проверку билетов? Что случилось?

Персонал: Здравствуйте! Посмотрите на табло информации. Ваш поезд ещё не прибыл на станцию из-за ливня.

Пассажир: Что? Ливень? Какой кошмар! А когда примерно поезд приедет?

Персонал: Не могу точно вам сказать. Но не беспокойтесь, пока вы можете отдыхать в VIP зале, там есть бесплатный чай и печенье. Мы заранее сообщим вам о прибытии поезда по громкой связи.

Пассажир: Хорошо.

参考译文：

火车站候车厅内

乘客： 您好！现在都 9 点 50 分了，我们的火车 10 点都发车了，为什么还不开始检票？发生什么了吗？

工作人员：您好！请您看大屏幕上的信息，您的火车由于暴雨还没有到站。

乘客： 什么？暴雨？简直太糟糕了！预计火车什么时间可以到站？

工作人员：还不能给您准确消息。但是不要担心，您现在可以去 VIP 休息厅休息，那里有免费的茶水和饼干。我们会提前广播通知您列车到站信息。

乘客： 好吧。

4

原文：

Около выхода в город

—Покажите ваш билет, пожалуйста.

—Минутку! Ой, где мой билет?

—Пожалуйста, отойдите немного в сторону и поищите. Позвольте другим пассажирам выйти первыми.

—Хорошо.

(через 3 минуты)

—Вы нашли ваш билет?

—Нет, не могу найти, наверное, я его потерял. Что мне теперь делать?

—Покажите ваше удостоверение личности или номер заказа.

—Вот мой паспорт.

—Хорошо, идите прямо к дежурной с вашим паспортом. Там наш персонал решит вашу проблему.

—Хоршо, иду. Спасибо!

参考译文：

火车站出口附近

—请出示一下您的车票。

—请等一下！咦？我的车票哪去了？

—那麻烦您往边上站一下，找一找，让其他乘客先出去。

—好的。

（3 分钟后）

—您找到您的票了吗？

—没有，找不到了，我可能把票弄丢了。我现在该怎么办？

—请出示一下您的证件或者订票信息。

—这是我的护照。

—好的。请带好护照直走去值班室，在值班室我们的工作人员会为您解决问题。

—这就去。谢谢！

II. 词汇（новые слова）

зал ожидания 候车室

вокзал 火车站

служба поддержки 服务台，服务处

заболеть[完] 生病

Больной 病人

Фамилия 姓，姓氏

дежурный 值班的，值班员

Дежурная 值班室

к[接三格] 向，朝，往，到

стойка информации 问讯处，咨询台

молодой человек/мужчина 先生

потерять[完] 丢失，遗失，失去，损失，耽误

чемодан 行李箱

вагон 车厢

чёрный 黑色的

номер поезда 火车车次

вспоминать[未] 回想起，回忆起

около[接二格] 在……附近

информация 信息

пассажир 乘客

персонал 工作人员

проверка билетов 检票

ливень[阳] 暴雨

примерно[副] 大概

печенье 饼干

выход 出口

билет[口语] 票

наверное[副] 大约

документ 文件，证件

номер заказа 订单信息

паспорт 护照

дежурная 值班室

решить[完] 解决

проблема 问题

III. 重点语法与词汇（**ключевая грамматика и лексика**）

俄语中的动词分为完成体动词和未完成体动词。完成体动词和未完成体动词均可以构成过去时；只有未完成体动词才可以构成现在时；未完成体动词和完成体动词均可以构成将来时。

быть +未完成体动词原形或完成体动词人称变位用来表示将来，分别被称作复合将来时和简单将来时，二者不仅在构成形式上有区别，在意义上也有一定差别。

动词	过去时	现在时	将来时
未完成体动词(НСВ)	читал	читаю	буду читать
完成体动词(СВ)	прочитал		прочитаю

	я	ты	он\она	мы	вы	они
быть	буду	будешь	будет	будем	будете	будут

例如：

Мы будем путешествовать в летние каникулы. 暑假的时候我们将去旅行。

Завтра утром я буду готовить завтрак. 明天早上我将准备早餐。

Завтра я напишу домошнее задание. 明天我将写完家庭作业。

Я выучу новые слова, и потом буду отдыхать. 学完新单词，然后我将休息。

Мы поможем вам искать чемодан. 我们将帮您寻找箱子。

1. 名词二格做后置定语：表示所属，事物的所有者，也可表示事物的性质，放在所修饰名词后面。例如：зал ожидания（候车大厅），информация заказа（订票信息），служба поддержки（服务台），проверка билетов（检票），книжный магазин（书店），школьные автобусы（校车）等。

单数名词二格变格规则：
阳性名词：辅音字母后加 а，й 和 ь 变 я
阴性名词：а 变 ы，я 和 ь 变 и
中性名词： о 变 а，е 变 я
ка, га, за, жа, ша, ча, ша 后不写 ы，写 и。例如：например: у бабушки

2. 前置词 около 译为：在……周围，附近；大约。后面接名词二格。例如：

около дома 家附近 около метро 地铁附近 около рельса 轨道旁边

Около нашего института есть большой парк. 我们学校附近有个大公园。

Около вокзала много гостиниц. 火车站附近有好多宾馆。

Мы живём недалеко от станции «Университет», около 5 минут пешком.

我们住的离大学站不远，走路大约 5 分钟。

За первый месяц он заработал около 5000 юаней. 第一个月他就挣了大概五千块钱。

3. вызвать кого 叫……出来，找来，请来，召唤，传唤

вызвать [完成体] вызову, вызовешь, вызовет, вызовем, вызовете, вызовут

вызывать [未完成体] вызываю, вызываешь, вызывает, вызываем, вызываете, вызывают, вызывал, вызывала, вызывало, вызывали

вызвать врача на дом 请医生出诊

вызвать студента к доске 把学生叫到黑板前（回答问题）

попросить друга, чтобы он приехал куда-то из своего дома 把朋友从家里叫出来

Если пассажир плохо себя чувствует, можно вызвать дежурного врача.

如果乘客感觉不适，可以叫值班医生。

Вызовите начальника с заседания, есть срочное дело. 请把头儿喊出来，有急事。

Я решил по телефону позвать друга в гости. 我决定打电话把朋友喊出来。

4. заболевать / заболеть 痛起来，（开始）生病（чем）

заболеваю, заболеваешь, заболевает, заболеваем, заболеваете, заболевают

заболею, заболеешь, заболеет, заболеем, заболеете, заболеют

У меня заболели зубы. 我牙疼。

У меня заболела голова. 我头疼起来了。

Не пей сырую воду: заболеешь. 不要喝生水，会生病的。

Сосед заболел гриппом. 邻居患了流感。

5. болеть：

(1) (чем 或无补语) 患病

болею, болеешь, болеет, болеем, болеете, болеют

Ребёнок болеет уже больше года. 孩子已经病了一年多了。

(2) 疼痛

болит, болят

Что у тебя болит? 你哪儿痛啊？

У меня болит 我的……痛。	сердце. 心脏 горло. 喉咙 ухо. 耳朵 желудок. 胃	голова. 头 бок. 肋部 спина. 背 живот. 肚子	поясница. 腰 грудь. 胸 нога. 腿 рука. 手

6. находиться 在，位于，处在（某种状态）

нахожусь, находишься, находится, находимся, находитесь, находятся, находился, находилась, находилось, находились

находиться под рукой　在手头；在身边

негде приютиться　无处容身

находиться в хорошем настроении　心情好

находиться в движении и развитии　处在运动和发展中

находиться под впечатлением чего　在……影响下；受影响；受……影响

Дача находится недалеко от станции.　别墅离车站不远。

Он находится сейчас на юге.　他现在南方。

Где находится выход на платформу 20A?　20A 检票口在哪儿？

7. 前置词 к 要求接三格：

(1) 向，往，朝（指出动作所向的地点、人或物）。例如：

подъезжать к городу　驶向城市　　подлетать к аэродрому　飞回机场

отправиться к врачу　去医生处　　прийти ко мне　到我这儿来

(2) 快到……时候。例如：

Дело было к вечеру.　那是傍晚的时候。　　вернуться к осени　快到秋天时回来

(3) 指出某一事物对另外事物的限定关系（有时兼有其他意义）。例如：

предисловие к книге　书的序言　　письмо к другу　致友人的信

запонка к воротничку　衣领上的扣子，领扣　　внимание к товарищам　对同志的关心

(4)（多为带前缀 при-的动词所要求）靠，紧挨，往……上。例如：

прислониться спиной к стене　背靠在墙上

прикрутить к столбу　往柱上绑　　прилипнуть к бумаге　粘在纸上

8. 名词单数第三格变格规律及人称代词第三格：名词三格又被称作给予格。单数三格变化规则如下：

阳性：　辅音字母加 у，й 和 ь 变 ю

阴性：　а 和 я 变 е，ь 变 и，ия 变 ии

中性：　о 变 у，е 变 ю

特殊：　мать — матери　　отец — отцу　　дочь — дочери

人称代词的三格如下：

я	ты	он	она	мы	вы	они
мне	тебе	ему	ей	нам	вам	им

9. показана, получена 被动形动词短尾：

形动词分为：主动形动词（现在时和过去时）和被动形动词［现在时和过去时（长尾和短尾）］

形动词具有形容词（性、数、格）和动词（时、体）的特点。

被动形动词由及物动词构成，分为现在时和过去时两类。

(1) 现在时被动形动词由未完成体及物动词构成。构成方法是：复数第一人称形式加词尾-ый。

未完成体动词	复数第一人称	现在时被动形动词
читать 读 повторять 重复 уважать 尊重	читаем повторяем уважаем	читаемый повторяемый уважаемый
любить 喜爱 переводить 翻译 видеть 看见	любим переводим видим	любимый переводимый видимый

注意：以-авать 结尾的动词，现在时被动形动词是由动词不定式去掉-ть，加-емый。例如：давать（给）— даваемый　　узнавать（得知）— узнаваемый

(2) 过去时被动形动词一般由完成体动词构成。构成方法如下：

① 以-ать，-ять, -еть 结尾的动词，去掉-ть，加-нный。例如：

показать — показанный,　потерять — потерянный,　увидеть — увиденный

② 以-ить 结尾的动词，去掉-ть，加-енный 或者-ённый。例如：

построить — построенный,　получить — полученный,　решить — решённый

③ 以-нуть, -ыть, -нять, -ить, -ереть 结尾的动词，去掉-ть，加-тый。例如：

понять — понятый,　принять — принятый

(3) 被动形动词通过事物直接承受的行为来表示该事物的特征，译为“被……的，已经被……的”。例如：

Вещи, забытые пассажирами, передали в камеру хранения.

旅客们遗忘的物品已经转交到寄存处。

(4) 被时被动形动词可以构成短尾形式。例如：

показать — показанный — показан,

получить — полученный — получен

(5) 过去时被动形动词段短尾在句中作谓语，行为主体作补语，用第五格表示。被动形动词段短尾用在现在时表示行为完成后的结果在说话时刻仍然存在。例如：

Этот город построен тысячу лет назад.　这个城市建于一千年之前。

Информация уже получена.　信息已经收到。

Номер поезда указан на билете.　火车车次展示在票上。

10. помогать [未完成体][用三格] 帮助某人

помогать — помогаю, помогаешь, помогает, помогаем, помогаете, помогают,

помочь — помогу, поможешь, поможет, поможем, поможете, помогут

Я могу тебе помочь.　我可以帮助你。　　Помогите мне , пожалуйста.　请帮帮我。

有些动词后面要求接三格，例如：звонить/позвонить（打电话），помогать/помочь（帮助）。

Я позвоню тебе завтра. 明天我将打电话给你。

Мне нужно позвонить преподавателю. 我需要给老师打电话。

11. как только 只要一……，就……

Как только привезли книги, их сразу разобрали. 书一运到，马上就被抢购一空。

Как только освобожусь, приду к тебе. 一有空儿，我就到你那儿去。

12. из-за ливня 由于暴雨

из-за 后接二格，译为"由于，因为，为"，通常导致的是坏结果。例如：

Загородная экскурсия не состоялась из-за неблагоприятной погоды.
由于天气不好郊游未能成行。

Дети дрались из-за игрушек. 孩子为玩具而打架。

Из-за шума ничего не слышно. 大声喧哗，什么也听不见。

Из-за тебя мы опоздали на поезд. 因为你，我们误了火车。

13. искать 和 найти：искать 表示寻找的动作，найти 强调已经找到的结果。

(1) искать кого-что 找，寻找，寻觅；寻求

ищу, ищешь, ищет, ищем, ищете, ищут, искал, искала, искали

(2) кого-что 找，寻找，寻觅；寻求

искать нужную книгу 找要用的书 искать правду 寻求真理

искать помощь 寻求帮助 искать работу 找工作

искать причину болезни 寻找病因 искать выход 寻找出口

искать помощника 找个助手

Мать искала сына по всему дому и не нашла.
母亲把整所房子找遍了，也没找到儿子。

Он искал глазами, куда бы посадить старика.
他两只眼睛在寻找，有什么地方可以让老人坐下。

(3) найти кого-что 找到，寻到，捡到，拾到；找出，挑出；求出，得出

найду, найдёшь, найдёт, найдём, найдёте, найдут; нашёл, нашла, нашли

найти потерянную вещь 找到遗失的东西

найти свободное время 抽出空闲时间

найти билет 找到车票

IV. 主要句型（главные речевые структуры）

1. вызвать врача 叫医生
2. Где вы сейчас находитесь? 您现在什么位置？
3. На что жалуется больной? 病人哪里不舒服？
4. По-моему, у него высокое давление. 我认为，他血压突然升高了。
5. Голова кружится. 头晕。
6. Не беспокойтесь. 别担心！
7. Чем я могу вам помочь? 有什么我可以帮您的吗？
8. Я не могу вспомнить. 我想不起来了。

9. Мы позвоним вам, как только найдем! 一找到我们就联系您！
10. Спасибо вам огромное. 十分感谢。
11. У нас поезд отправляется в 10:00. 我们的火车 10 点发车。
12. Что случилось? 发生什么了？
13. Поезд ещё не прибыл на станцию. 火车还没有到站。
14. Какой кошмар! 太糟糕了！
15. Не могу точно вам сказать. 不能给您准确消息。
16. Мы сообщим вам по громкой связи заранее. 我们将尽快通过广播通知您。
17. Пожалуйста, отойдите немного в сторону. 请往边上站。
18. Позвольте другим выйти первыми. 让其他人先出。
19. Что мне нужно сейчас сделать? 我现在该怎么办？

V. 练习（упражнения）

Упражнение 1 选出对应的汉语翻译

а. У меня проблемы. Вы не могли бы мне помочь? / Мне нужна помощь. б. Я потерял документы. в. Кто-то украл мою сумочку. г. Я хочу связаться со своим посольством / консульством д. Я не могу найти свои документы. е. Наверное, ты потерял/ потеряла кошелёк по дороге. Давай вернёмся и поищем.	1. 我想和我国大使馆/领事馆联系。 2. 有人偷了我的包。 3. 你可能是在路上丢失了钱包。咱们回去找找。 4. 我有麻烦。您能帮我吗？/ 我需要帮助。 5. 我丢失了文件。 6. 我找不到自己的证件了。

Упражнение 2 编一组对话，例如当你丢失了物品时，应该去哪里找回

Упражнение 3 请欣赏下面一则俄语笑话“寻物启事”，并试着翻译它

У гориллы в зоопарке пропали бананы. Она повесила объявление: "Кто украл мои бананы? Найду — оторву лапы и уши! Горилла ".

На следующий день смотрит — внизу подписано: "Спорим, не оторвешь! Удав".

VI. 参考答案（ключи к упражнениям и заданиям）

Упражнение 1

а. У меня проблемы. Вы не могли бы мне помочь? / Мне нужна помощь.	1. 我有麻烦。您能帮我吗？/ 我需要帮助。
б. Я потерял документы.	2. 我丢失了文件。
в. Кто-то украл мою сумочку.	3. 有人偷了我的包。
г. Я хочу связаться со своим посольством / консульством	4. 我想和我国大使馆/领事馆联系。
д. Я не могу найти свои документы.	5. 我找不到自己的证件了。
е. Наверное, ты потерял/ потеряла кошелёк по дороге. Давай вернёмся и поищем.	6. 你可能是在路上丢失了钱包。咱们回去找找。

Упражнение 3

动物园里的一只大猩猩丢失了香蕉。它竖起一块牌子，上面写着："谁偷了我的香蕉？等我找到你，要把你的爪子和耳朵扯下来！大猩猩。"

第二天，它低头看了看，牌子上面写着："我打赌你撕不下来。蟒蛇。"

三、技能实践：情境演练（ситуационные упражнения）

请同学们根据给定情境完成工作情境对话并填写表格。

工作情境一

工作情境主题	你在车站出站口工作，有一名乌克兰乘客因车票丢失无法出站，向你求助，你协助他出站。
参与者	
角色分配	
预计完成的工作目标	
情节对话设计（俄语）	
工作情境核心语句（俄语）	
难点或出错语句	
实践分析	1. 是否顺利用俄语处理该项工作？ 2. 工作难点及语言难点是什么？ 3. 如何克服难点？ 4. 如何改善工作及语言能力？ 5. 对自己的强化目标是什么？ 6. 本次工作情境演练成功之处是什么？
实践总结	1. 心得总结 2. 语言总结

工作情境二

工作情境主题	由于受恶劣天气影响，郑州发往广州的 G279 次列车无法正常发车。你是郑州东站广播员，现在需要你用俄语向站内广播该情况。
参与者	
角色分配	
预计完成的工作目标	
情节对话设计（俄语）	
工作情境核心语句（俄语）	
难点或出错语句	
实践分析	1. 是否顺利用俄语处理该项工作？ 2. 工作难点及语言难点是什么？ 3. 如何克服难点？ 4. 如何改善工作及语言能力？ 5. 对自己的强化目标是什么？ 6. 本次工作情境演练成功之处是什么？
实践总结	1. 心得总结 2. 语言总结

四、技能提升：小组顶岗实习演练（практические упражнения）

请同学们分小组进行俄语演练，选定顶岗实习人员，设计工作情节，完成实习演练并书写实习工作日志。

你是一名实习乘务员，今天在火车上先是有一名白俄罗斯乘客丢失了护照，向你寻求帮助。之后又有一名来自俄罗斯的乘客心脏突发不适，他的朋友向你们寻求急救。你是这样做的……

小组成员：

售票员：

乘客：

情节设计：

根据情节展开工作，由指导教师指点并评价：

工作日志

时间：

地点：

岗位：

工作过程：

自我评价：

五、拓展学习（дополнительные знания）

旅客突发事件处理案例

思考与讨论：你如何评价文中乘务工作人员对突发事件的应急管理能力？如果你是一名乘务员，你会如何应对这种场面？你认为一名经验丰富的乘务员应如何提高自己的突发事件应急管理水平？

УРОК 6

货运服务

Железнодорожные грузоперевозки

本课学习目标（цель обучения）

1. 知识目标

(1) 掌握铁路货物收发、咨询、办理等流程的俄语表达；

(2) 掌握铁路货运组织相关的俄语单词和句型。

2. 能力目标

(1) 能正确用俄语咨询货物运输办理的相关事宜；

(2) 能正确使用俄语进行与铁路货物发送和接收有关的交流对话；

(3) 能够在货物运输业务办理过程中正确使用俄语礼貌用语。

3. 素质目标

(1) 培养学生逻辑思维、创新思维和批判性思维，培养学生讲文明有礼貌的意识习惯；

(2) 培养用俄语思维的能力和创新意识，学会不断发现问题，并用自己已有的知识水平和生活经历来解决实际问题；

(3) 培养学生的团队协作能力和沟通交流的能力。

一、情境导入（введение в ситуацию общения）

情境一：小彬和小成分别是亚欧班列运输公司的客服前台和业务员。今天，有客户来电咨询往白俄罗斯明斯克邮寄一批服装的事情，该客户关心费用、运输时间和付款方式问题。也有客户来电咨询货物运输包装的问题。

思考：小彬、小成和客户之间将发生怎样的对话？你是否知道运输费用、运输时间、付款方式及运输包装相关的俄语表达？

情境二：小王和小刘是中原铁路运输公司的员工。今天他俩正在上班，有俄罗斯客户来电咨询运输物流信息，也有俄罗斯客户来到公司取件。

思考：查询运输物流信息，需要客户提供哪些信息？取件的时候需要客户提供哪些信息和完成怎样的操作？如何用俄语让客户了解这些信息？涉及哪些俄语常用句型？

二、语言知识（лингвистические знания）

I. 情景对话（диалоги-образцы）

1

原文：

Клиент: Алло, добрый день! Это компания «Транс железные дороги Азии-Европы»?

Компания: Здравствуйте! Да, это приёмная компании «Транс железные дороги Азии-Европы», слушаю Вас.

Клиент: У меня груз небольшого объёма, нужно отправить из Чжэнчжоу в Минск, Беларусь. Можете помочь?

Компания: Да, конечно, мы поможем. Я сейчас вас соединю с производственным отделом, можете у оператора подробно проконсультироваться.

Клиент: Спасибо!

Компания: Пожалуйста.

参考译文：

客户：喂，下午好！是亚欧班列运输公司吗？

公司：您好，这里是亚欧班列运输公司接待处，您请讲。

客户：我有少量货物要从郑州发往白俄罗斯明斯克，您能帮忙吗？

公司：是的，我们当然可以提供帮助。我马上给您接通业务部，您可以向业务员详细咨询。

客户：谢谢！

公司：不客气！

2

原文：

Компания: Отдел службы компании «Транс железные дороги Азии-Европы», слушаю вас.

Клиент: Добрый день! Хочу отправить одежду весом 80 кг из Чжэнчжоу в Минск, какова конечная стоимость перевозки в вашей транспортной компании?

Компания: Так, одежда, 80 кг, Минск, посчитаю по тарифу, 560 юаней.

Клиент: Какие услуги входят в названную сумму?

Компания: В стоимость входят все услуги перевозки, плюс упаковка и страховка.

Клиент: Возможно ли, что конечная сумма перевозки будет увеличена?

Компания: Нет, никаких дополнительных платежей не потребуется.

Клиент: Производится ли предоплата за перевозку груза?

Компания: Да, после заключения контракта, вносится предоплата в размере 20%.

Клиент: Какой срок займёт доставка?

Компания: Доставим за 30 дней.

Клиент: Спасибо, я подумаю.

参考译文：

公司：亚欧班列运输公司业务部，请讲。

客户：下午好！我想把重量为 80 公斤的衣服从郑州运到明斯克，请问用贵公司的运输费用是多少？

公司：额，衣服，80 公斤，明斯克，我算一下费用。一共 560 元。

客户：费用包括哪些服务？

公司：该价格包括所有的运输服务，含包装和保险。

客户：最终的运输金额是否有可能会增加？

公司：不，不会有额外费用。

客户：发货时是否需要预付费用？

公司：是的，签订合同后，应支付 20% 的预付款。

客户：需要多长时间？

公司：我们将在 30 天内运达。

客户：好的，我考虑一下。

3

原文：

Клиент: Здравствуйте! Хочу спросить, какие упаковочные материалы будут использоваться при перевозке?

Оператор: Здравствуйте! Коробки из гофрокартона, воздушно-пузырчатые пленки, скотчи, скетч-пленки, ящики для перевозки мебели, бумажные листы для обёртывания перевозимой посуды. У вас какие вещи?

Клиент: Мебель.

Оператор: Упаковываем мебель в ящики.

Клиент: Работают ли в транспортной фирме профессиональные упаковщики и другие специалисты?

Оператор: У нас не допускается приём на работу неквалифицированного персонала.

Клиент: Как избегаете повреждения мебели при перевозках?

Оператор: У нас имеются крепления для фиксации груза.

Клиент: Возможны ли какие-либо скидки на услуги?

Оператор: При оформлении заказа за 3 дня до отправки вы получите скидку 5%.

Клиент: Хорошо, я готова сделать заказ.

参考译文：

客户： 您好！我想问一下，运输时你们公司用什么包装材料？

业务员：您好！我们用瓦楞纸板箱、气泡膜、胶带、箱子来运送家具，用纸片来包裹餐具。请问您是要运什么物品？

客户： 家具。

业务员：我们用箱子包装家具。

客户： 运输公司是否雇佣了专业的包装人员和其他专业人士？

业务员：我们不会雇佣不专业的人员从事工作。

客户： 如何避免运输过程中的磕碰？

业务员：我们有专门的扣件来固定。

客户： 是否有折扣？

业务员：如果您在发货前 3 天下订单，将得到 5% 的折扣。

客户： 好的，我准备下单。

4

原文：

Заказчик: Здравствуйте, это «Компания железнодорожного транспорта Чжунюань»?

Персонал: Да, чем я могу вам помочь?

Заказчик: Я проверил информацию о логистике на сайте, но она не обновлялась уже неделю. Я хочу узнать, где сейчас мои товары?

Персонал: Скажите, пожалуйста, номер вашего заказа.

Заказчик: ZR202109261477.

Персонал: Минуточку. Ваши товары въехали в Россию и проходят таможенное оформление. Ожидается, что они будут доставлены в течение этой недели.

Заказчик: Вы доставляете на адрес грузополучателя или на почту России?

Персонал: У нас есть филиал в России, и его сотрудники доставят по указанному вами адресу. Не волнуйтесь.

Клиент: Хорошо, спасибо.

参考译文：

客户： 您好，是中原铁路运输公司吗？

工作人员：是的，请问有什么可以帮您？

客户： 我在网站上查询了物流信息，但是已经有一个星期没有更新了。我想知道，我的货物现在在哪儿？

工作人员：把您的订单号告诉我。

客户： ZR202109261477。

工作人员：稍等。您的货物已经入境俄罗斯了，正在办理清关手续。预计这一周内可以送达。

客户：货物送到收件人地址还是到俄罗斯邮局，需要去取吗？

工作人员：我们在俄罗斯有分公司，那边的工作人员会送到您填写的收货地址。不用担心。

客户：好的，谢谢。

5

原文：

Заказчик: Здравствуйте. Я получил SMS-сообщение от вашей компании. Где я могу забрать посылку?

Персонал: Поверните налево к стойке выдачи заказов.

Клиент: Хорошо, спасибо.

Заказчик: Здравствуйте, хочу забрать посылку. Вот мой номер заказа.

Персонал: Скажите, пожалуйста, как вас зовут?

Клиент: Марков Александр Иванович.

Персонал: Вот ваша посылка. Пожалуйста, распишитесь здесь.

Заказчик: Хорошо.

参考译文：

客户：您好。我收到了你们公司发的取货短信。请问在哪里可以取件？

工作人员：先生，左拐去我们的取货柜台。

客户：好的，谢谢。

客户：您好，我要取件。给您，这是我的订单号。

工作人员：请问您叫什么名字？

客户：马尔可夫·亚历山大·伊万诺维奇。

工作人员：这是您的包裹。请在这里签名。

客户：好的。

II. 词汇（новые слова）

железная дорога 铁路
поезд 火车
железнодорожный 铁路的
перевозка 运输
багаж 行李
логистика 物流
грузовая отправка 货物发送
транспортное средство 交通工具
груз 货物
посылка 包裹
отправитель 寄件人
получатель 收货人
приёмная 接待处，前台
грузовой контейнер 货运集装箱
грузовой поезд 货车
объём 数量，规模，批量
задержка 延误，延迟
экспорт 出口
sms-сообщение 短信
оператор 业务员
подробно 详细地
компания 公司，厂家，企业
импорт 进口
консультироваться/проконсультироваться 咨询，问询
соединять/соединить[与前置词 с+5n 连用] 联合，结合，接通
упаковка 包装
страховка 保险
избегать/избежать[与前置词 от+2n 连用] 避免，以防
заказ 订单

накладная 运单
терминал 装卸站
штраф 罚款
сумма 总额
скидка 折扣
сборные грузы 零担货物
инвойс 发票
предоплата 预付款
нетто 净重
брутто 毛重
таможня 海关
пошлина 关税
стоимость 费用
клиент 客户
тариф 资费
форс-мажор 不可抗力
гофрокартон 瓦楞纸
квитанция 收据、发票

III. 重点语法与词汇（ключевая грамматика и лексика）

1. 俄语动名词的构成：

(1) -ние, -ение, -тие, -ствие

выполнить — выполнение　　уважать — уважение

воспитать — воспитание　　участвовать — участие

(2) -ство

руководить — руководство　　строить — строительство　　производить — производство

(3) -ка, -ба

подготовить — подготовка　　обработать — обработка　　защитить — защита

2. 动名词是由动词派生的、具有动作状态意义的名词。动名词和名词一样，有性的区别和格的变化。动名词能表示行为和状态的意义，而且和相应的动词一样，在句子中可以带有客体和主体。例如：ответ на вопрос（на вопрос 是 ответ 的客体），помощь сестры（сестры 是 помощь 的主体）。

有些动名词，在它们的词义发生变化而失去动词特征时，则变为一般名词。试比较：

由动词构成的名词	动名词	一般名词
чтение	读	读物，朗诵会
вход	进入	入口，正门
выпуск	出产，发行	产品，毕业生
решение	解决	决议
стройка	建筑	建筑工地，工程
устройство	安装	设备

3. 动名词在句子中可作各种成分。例如：

Его ответ на этот вопрос правильный. 他对这个问题的回答是对的。（主语）

Его любимый предмет — физкультура. 他喜爱的事情是从事体育运动。（谓语）

4. 动名词的客体的表示法：

(1) 由及物动词构成的动名词，客体用二格。例如：

Наука помогает народу в преобразовании природы. 科学能帮助人们改造自然。

(2) 由不及物动词构成的动名词，客体用原动词所要求的格。例如：

Достижение (достигать) цели. 达到目的。

Борьба (бороться) с врагами. 与敌人做斗争。

(3) 由及物动词和不及物动词构成的动名词，如其主体是名词，客体用第二格；如其主体是人称代词，客体则用物主代词。试比较：

Мальчик читает 男孩子在读书 чтение мальчиком 男孩子的阅读

Андрей помогает товарищу 安德烈帮助同事

помощь Андрея товарищу 安德烈对同志的帮助

Мать заботилась о сыне 母亲关心儿子 забота матери о сыне 母亲对儿子的关心

Он беседовал с другом 他和朋友谈过话 его беседа с другом 他与朋友的谈话

(4) 由及物动词构成的动名词的客体和主体同时出现时，客体仍用二格，而主体用五格。试比较：

Учитель объясняет текст. 老师讲解课文。

Объяснение текста учителем. 老师对课文的讲解。

IV. 主要句型（главные речевые структуры）

1. Я сейчас вас соединю с производственным отделом, можете у оператора подробно проконсультироваться. 我马上给您接通业务部，您可以向业务员详细咨询。
2. В стоимость входят все услуги перевозки, плюс упаковка и страховка.
   该价格包括所有的运输服务，含包装和保险。
3. Никаких дополнительных платежей не потребуется. 没有额外费用。
4. После заключения контракта, вносится предоплата в размере 20%.
   签订合同后，应支付20%的预付款。
5. Какое время займёт доставка? 需要多长时间？
6. Чем я могу вам помочь? 有什么可以帮您？
7. Скажите,пожалуйста, номер вашего заказа. 请说一下您的订单号。
8. Не волнуйтесь. 不要担心。

V. 练习（упражнения）

Упражнение 1 选出对应的汉语翻译

А. Как отправлять грузы?	1. 如何过海关？
Б. Какая конечная стоимость?	2. 目的地是哪里？
В. Где можно загружать/разгружать грузы?	3. 运输需要几天？
Г. Какой пункт назначения?	4. 包含保险吗？
Д. Сколько дней занимает доставка?	5. 最终价格是多少？
Е. Страховка включена?	6. 如何发送货物？
Ё. Как пройти таможню?	7. 哪里可以装卸货物？

Упражнение 2 用适当语句补充下列对话

1. —__________________?

 —Я хочу отправить груз в Шанхай.

2. —__________________?

 —Для определения суммы необходимы параметры вашего груза.

3. —Скажите, пожалуйста, что входит в стоимость перевозки?

 —__________________.

4. —Просите, где здесь пункт приема-выдачи грузов?

 —__________________.

5. —Вы не знаете, какие данные нужно заполнить для прохождения таможни?

 —__________________.

Упражнение 3 阅读短文，根据短文内容回答问题

原文：

Международные мультимодальные перевозки грузов

Транспортировка грузов может осуществляться не только одним видом транспорта. В этом тексте рассмотрим мультимодальные перевозки грузов.

Мультимодальная (смешанная, комбинированная) перевозка — это транспортировка грузов как минимум двумя разными видами транспорта по одному сквозному договору. При этом компания, организующая такую перевозку, несет полную ответственность за весь процесс, даже если доставка осуществляется различными видами транспорта (морскими судами, железнодорожным составом и автомобилями). На всех этапах за доставку груза отвечает одна логистическая компания. Владельцу груза достаточно только оформить документы на товар. Хотя никто не мешает ему заниматься поиском и подготовкой транспорта, планированием маршрута. Но это не обязательно. Опытная логистическая компания может сделать всю эту работу самостоятельно.

Эффективность мультимодальной перевозки заключается в том, что при этом используются главные преимущества каждого вида транспорта (стоимость, скорость, точность и экологическая безопасность доставки).

参考译文：

国际多式联运

货物的运输可以通过多种运输方式进行。在此文中，我们来学习一下货物的多式联运。

多式联运（混合、联合运输）是指全程在同一个合同下，至少用两种不同的运输方式进行货物的运输。在这种情况下，即使通过不同的运输方式（海运、铁路和公路）进行交付，组织运输的公司仍然对整个过程完全负责。一家物流公司负责所有阶段的货物交付。货主只需要起草货物文件。虽然理论上货主可以参与寻找和准备运输工具，并规划路线，但这并不是必须的，一个有经验的物流公司可以独立完成所有这些工作。

多式联运的效率在于它利用了每种运输方式的主要优势（运输成本、速度、准确度和环境安全）。

Вопросы:

1. Что такое мультимодальные перевозки?
2. Какую ответственность компания несёт при мультимодальных перевозках?
3. Кто отвечает за доставку груза?
4. Что обязан сделать владелец при мультимодальных перевозках?
5. Каковы преимущества мультимодальной перевозки?
6. В чём состоит эффективность мультимодальной перевозки?

Упражнение 4 结合下面一组图片的内容编写对话

VI. 参考答案（ключи к упражнениям и заданиям）

Упражнение 1

А. Как отправлять грузы?	1. 如何发送货物？
Б. Какова конечная стоимость?	2. 最终价格是多少？
В. Где можно загружать/разгружать грузы?	3. 哪里可以装卸货物？
Г. Какой пункт назначения?	4. 目的地是哪里？
Д. Сколько дней занимает доставка?	5. 运输需要几天？
Е. Страховка включена?	6. 包含保险吗？
Ё. Как пройти таможню?	7. 如何过海关？

Упражнение 2

1. —Куда хотите отправить груз?
2. —Какова стоимость перевозки моего груза?
3. —В стоимость входят все услуги перевозки.
4. —В цеху.
5. —Нужно заполнить вид, размер, стоимость и объем груза.

Упражнение 3

1. Это транспортировка грузов как минимум двумя разными видами транспорта по одному сквозному договору.
2. Полную ответственность.
3. Транспортная компания.

4. Владельцу груза достаточно только оформить документы на товар.
5. Сокращение расходов заказчика, снижение сроков доставки, безопасность груза.
6. Эффективность мультимодальной перевозки заключается в использовании главных преимуществ каждого вида транспорта.

三、技能实践：情境演练（ситуационные упражнения）

请同学们根据给定情境完成工作情境对话并填写表格。

工作情境一

工作情境主题	你是亚欧班列运输公司的一名工作人员，接到客户来电。客户想通过铁路货运方式将一批货物从郑州运往俄罗斯新西伯利亚，关心货物运输时长和费用问题，你对他们提出的问题作出解答。
参与者	
角色分配	
预计完成的工作目标	
情节对话设计（俄语）	
工作情境核心语句（俄语）	
难点或出错语句	
实践分析	1. 是否顺利用俄语处理该项工作？ 2. 工作难点及语言难点是什么？ 3. 如何克服难点？ 4. 如何改善工作及语言能力？ 5. 对自己的强化目标是什么？ 6. 本次工作情境演练成功之处是什么？
实践总结	1. 心得总结 2. 语言总结

工作情境二

工作情境主题	你是中原铁路运输公司提货处的工作人员，有俄罗斯客户前来找你取货，你为其提供服务。
参与者	
角色分配	
预计完成的工作目标	
情节对话设计（俄语）	
工作情境核心语句（俄语）	
难点或出错语句	
实践分析	1. 是否顺利用俄语处理该项工作？ 2. 工作难点及语言难点是什么？ 3. 如何克服难点？ 4. 如何改善工作及语言能力？ 5. 对自己的强化目标是什么？ 6. 本次工作情境演练成功之处是什么？
实践总结	1. 心得总结 2. 语言总结

四、技能提升：小组顶岗实习演练（практические упражнения）

请同学们分小组进行俄语演练，选定顶岗实习人员，设计工作情节，完成实习演练并书写实习工作日志。

暑假期间你和你的同学去郑州一家铁路国际货运公司实习，你在公司客服部负责接听处理俄语区国家客户来电，你的同学在业务部负责核算运输费用。今天是你上班的第二周，果然有白俄罗斯客户来电，他希望你帮助查询从明斯克发来郑州的货物当前的具体物流信息，而后他打算……
小组成员： 售票员： 乘客： 情节设计： 根据情节展开工作，由指导教师指点并评价：
工作日志 时间： 地点： 岗位： 工作过程： 自我评价：

五、拓展学习（дополнительные знания）

铁路货检员的坚守

俄罗斯的铁路货运特点

莫斯科交通枢纽简介

思考与讨论：你认为铁路货运检查员的工作辛苦吗？你觉得他们的工作重要吗？新闻中太原北站货运检查员薛恺在工作中的哪些细节给你留下了深刻的印象？

项目二

地铁运营工作情境实践

УРОК 1

安检服务

Служба безопасности метрополитена

本课学习目标（цель обучения）

1. 知识目标

(1) 了解地铁票务及安全工作的基本内容和基础知识；

(2) 学习地铁安全检查相关工作流程的专业词汇和常用句式；

(3) 熟悉地铁站场安检场景、环节和流程。

2. 能力目标

(1) 掌握运用俄语进行地铁票务和安检工作的交流技能；

(2) 培养在地铁现实场景下的俄语应用能力；

(3) 具备售票、票务咨询、乘车安全检查的语言技巧。

3. 素质目标

(1) 培养掌握地铁票务和安检俄语听说能力的技术型应用人才；

(2) 提高专业能力，提升团队协作能力和沟通交流的能力；

(3) 培养学生的理解交流能力和语言表达能力。

一、情境导入（введение в ситуацию общения）

近年来，环保压力越来越大，城市路况越来越拥堵。私家车限购、限行政策频出，政府也鼓励人民群众低碳绿色出行。越来越多的人选择乘坐地铁出行。一定程度上来说，地铁是交通运输行业，也是服务行业。所以地铁从业人员的素质也影响着人们的出行体验，甚至可能影响整个城市的形象。

情境一：莉莉是郑州地铁的一名票务人员，每天能够遇到各种各样的出行的人。随着郑州国际化程度的提升，郑州的外国友人也越来越多。莉莉的工作就经常接触到外国人。一天，正在工作的她遇到了一位来自哈萨克斯坦的游客，在购买地铁票的时候他们发生了怎样有意思的对话呢？让我们一起来学习一下吧。

思考：如果你也在莉莉的工作岗位，你知道怎么与外国游客沟通购票事宜吗？会用到哪些重点的句子？

情境二：明明是郑州地铁的一名安检人员，他的职责就是检查进站旅客的随身物品中是否有违禁物品，确保地铁站的安全，这是一个相当重要的岗位。一天，他在工作过程中遇到了一位来自白俄罗斯的游客，他要求这名旅客配合进行安检，而且在检查过程中发现这名旅客的背包中有一个违禁品。

思考：在整个工作过程中需要使用哪些俄语表达？如果旅客不愿意配合放弃违禁品，你该怎么办？

二、语言知识（лингвистические знания）

I. 情景对话（диалоги-образцы）

1

原文：

У кассы метро

Лили: Слушаю вас, чем могу помочь?

Пассажир: Здравствуйте, как я могу добраться до музея провинции Хэнань?

Лили: Вы можете сесть на линию 1 и выйти на станции Nongyenanlu.

Пассажир: Могу ли я купить у вас обратный билет?

Лилт: Да, можно. Кстати, сколько дней вы пробудете в Чжэнчжоу?

Пассажир: Примерно 7 дней.

Лили: Тогда предлагаю вам купить проездную карту, срок действия 7 дней, неограниченное количество поездок.

参考译文：

地铁售票口

莉莉：请讲，有什么可以帮您？

旅客：您好，我怎么才能到河南博物院？

莉莉：您可以乘坐1号线，在农业南路下车。

旅客：我可以在您这里购买返程票吗？

莉莉：可以的。顺便问一下，您会在郑州停留几天？

旅客：大概7天左右吧。

莉莉：那我建议您购买我们的“乘车卡”，7天有效，不限乘坐次数。

Пассажир: Понятно, сколько стоит эта карта?
旅客：明白了，这个卡多少钱？

Лили: 80 юаней.
莉莉：80元。

Пассажир: Хорошо, я возьму эту карту.
旅客：好的，我要这个卡吧。

Лили: Подождите немного. Вот ваша карта.
莉莉：稍等，请拿好您的卡。

Пассажир: Спасибо!
旅客：谢谢！

Лили: Приятной поездки!
莉莉：祝您乘车愉快！

2

原文：

У кассы метро

—Вы не подскажете, как мне добраться до улицы Пушкина?

—Садитесь на первую линию в северном направлении и сделайте пересадку на пятую линию.

—На какой станции мне надо пересесть?

—На станции «Университет». Там будут указатели, вы не ошибётесь.

—Сколько времени займёт дорога?

—Не более получаса.

—Спасибо. Могу ли я купить билет здесь?

—Да, здесь есть автомат, который продает проездные карты.

参考译文：

在地铁售票处

—您能告诉我怎么去普希金大街吗？

—乘坐1号线向北行驶并换乘5号线。

—我应该在哪一站换乘？

—在“大学站”。那儿有指示牌，您不会走错的。

—到达那里需要多长时间？

—不超过半小时。

—谢谢。我可以在这里买票吗？

—是的，这里有售卖地铁卡的自动售货机。

3

原文：

Пассажир: Простите, как пользоваться автоматом по продаже билетов?

Лили: Здравствуйте, я вам покажу. Нажмите кнопку «Купить билеты», введите пункт назначения и выберите способ оплаты.

Пассажир: Понял, а как мне заплатить?

Лили: Можете оплатить наличными или использовать свой мобильный телефон для сканирования QR-кода на автомате для оплаты.

Пассажир: Хорошо.

参考译文：

旅客：打扰一下，请问这个自动售票机怎么用？

莉莉：您好，我给您演示一下。点击“购票”按钮，输入您的目的地，并且选择支付就可以了。

旅客：明白了，那我怎么支付呢？

莉莉：您可以选择现金支付，也可以使用手机扫描机器上的二维码支付。

旅客：好的。

Лили: Вы также можете купить карту, которая действительна в течение длительного времени, и эта карта также является сувениром провинции Хэнань.

Пассажир: Хорошо, спасибо вам!

Лили: Пожалуйста. Если у вас будут ещё вопросы, обращайтесь ко мне.

莉莉：您也可以选择购买一张长期有效的充值卡，这种卡也是我们河南的旅游纪念品。

旅客：好的，谢谢您！

莉莉：不客气，有什么问题可以再来找我。

4

原文：

Минмин: Здравствуйте, пройдите на досмотр.

Пассажир: А, рюкзак...

Минмин: Положите его сюда.

Пассажир: Внутрь сканера багажа?

Минмин: Да. У вас в рюкзаке есть баллончик?

Пассажир: Да.

Минмин: Могу ли я посмотреть? Что это?

Пассажир: Мусс для волос.

Минмин: Это нельзя провозить в метро.

Пассажир: Что мне делать?

Минмин: Есть два варианта: первый — выбросить в мусорное ведро, второй — положить в камеру хранения и забрать на обратном пути.

Пассажир: Хорошо, скажите пожалуйста где находится камера хранения?

Минмин: У кассы, там есть комната, персонал зарегистрирует и положит ваши вещи в камеру хранения.

Пассажир: Спасибо!

Минмин: Пожалуйста.

参考译文：

明明：您好，请过安检。

旅客：啊，一个背包……

明明：请放这吧。

旅客：放在行李扫描设备里？

明明：是的。您的背包里有一个压力罐是吗？

旅客：是的。

明明：我可以看一下吗？这是什么？

旅客：护发摩丝。

明明：这是不能带进地铁的。

旅客：那我该怎么办？

明明：有两个选择，第一是扔到垃圾桶；第二是放在寄存处，等您回来的时候再取。

旅客：好的，请问寄存处在哪里？

明明：在售票处旁边，有一个房间，工作人员会登记并保管您的东西。

旅客：谢谢！

明明：不客气。

II. 词汇（**новые слова**）

метро[中，不变] 地铁

на метро 坐地铁

станция метро 地铁车站

садиться[未] (сажусь, садишься, садятся) 坐；坐下；乘上；搭上

сесть [完] (сяду, сядешь, сядут; 过:сел, села, -о, -и)　坐；坐下；乘上；搭上

автомат　自动售货机

автомат по продаже билетов

　自助售票机

продавать; продать　卖，出售

ошибаться; ошибиться　弄错，犯错误

карта　卡片

кольцевая линия　环线

радиальная линия　直线，径向线

станция　站

конечная станция　终点站

состав/поезд　列车

указатель　指示牌，标志

схема метро　地铁线路图

эскалатор　电动扶梯

проверка безопасности　安检

удобно　方便地；舒适地

решать[未]; решить[完]　决定，解决

любой　任何的，不论什么样的

уметь-ею, -еешь; -ея[未][常接原形]

　会，能，善于

пополнять; пополнить　增加；增补

количество　量，数量

самостоятельно　独立地；自主地

досмотр　检验，检查

огромный　巨大的，庞大的

наушник　耳机，听筒

турникет　闸机

просить　请，请求

слышать; услышать　听见；听清

уходить; уйти, -ду, -дёшь　离开；走开

практически　实际上，事实上

ежедневно　每日，每天

пользоваться[未](-зуюсь, -зуешься, -зуются)чем

воспользование [完]

　用，使用，利用（机会等）；享用

стойка информации　信息台

рюкзак　背包

вход в метро　地铁入口

проездной　车票

проездной на месяц　月票

единый проездной　通票

III. 重点语法与词汇（ключевая грамматика и лексика）

1. у[二格]　在……旁边。у кассы（在售票处），у окна（在窗户旁）
2. садиться[未] (сажусь, садишься, садятся); сесть [完] (сяду, сядешь, сядут; 过：сел, села, -о, -и)　坐，坐下。例如：

   садиться на стул　坐到椅子上　　садиться за стол　坐到桌旁

   сядь 是 сесть 第二人称命令式。例如：садитесь！请坐！
3. ошибаться в людях　看错人。例如：

   если не ошибаюсь　假使我没记错的话　　автомат для продажи напитков　自助饮料机

   продавать в розницу　零售　　продавать на вес　按重量出售
4. досмотр　检验，检查。例如：

   таможенный досмотр　海关检验

   досмотр багажа; досматривать багаж; проверка багажа；проверить багаж　检查行李
5. просить　请，请求。例如：

   просить прощения　请原谅，просить помощи　请求帮忙
6. слышать; услышать　听见；听清。例如：

слышать крик 听见喊声 я плохо вас слышу 我听不清你的话
я вас не слышу 我听不见你的话
7. Уходить; уйти, -ду, -дёшь 离开；走开。例如：
они ушли на работу 他们上班去了 поезд уже ушёл 火车已经开走了
8. пользоваться[未](-зуюсь, -зуешься, -зуются)чем 用，使用。例如：
воспользоваться[完] 利用（机会等）；享用
пользоваться научным методом 运用科学方法
9. пассажир 旅客；乘客。例如：
зал для пассажиров 旅客候车室 пассажир самолёта 飞机乘客
безбилетный пассажир 无票的乘客
10. сюда 到这里，向这里。例如：
иди сюда! 到这里来！ смотри сюда! 往这里看！
11. туда 往那里，往那边。例如：идите туда 请到那边去
12. с собой 随身携带，带在身上。例如：забрать с собой 带走，упаковать с собой 打包
13. забыть (-буду, -будешь) (кого-что 或 о ком–чём 及接不定式) 忘记，忘却。例如：
забыть номер телефона 忘记电话号码 забыть открыть окно 忘记开窗
14. решать; решить 决定，解决。例如：вопрос 解决问题，проблема очередей 排队的问题
两个名词连用，后面的名词 очередь 变为二格的形式。
15. с помощью 借助于。例如：при помощи 在……帮助之下
16. уметь 会，能，善于，-ею, -еешь; -ея[未][常接原形]。例如：
уметь говорить по-русски 会说俄语 уметь плавать 会游泳
17. самостоятельно 独立地，自主地。例如：
самостоятельно мыслить 独立思考 жить самостоятельно 独立生活
18. без[接二格] 没有，无。例如：чай без сахара 不带糖的茶

IV. 主要句型（главные речевые структуры）

1. Какая станция вам нужна? 您想到哪一站？
2. На какой станции вы выходите? 您在哪一站下车？
3. Вам нужен билет на одну поездку или на две поездки?
您需要单程票还是两个行程的票？
4. Здравствуйте, пройдите на досмотр. 您好，请接受安检。
5. Положите пожалуйста все вещи на конвейерную ленту.
请把所有随身物品放到设备上。
6. Это нельзя провозить в метро. 这不能带进地铁。
7. Спасибо за сотрудничество. 谢谢您的配合。
8. Метро закрывается в полночь. 地铁于凌晨 24 点关闭。
9. У вас есть схема метро? 您有地铁线路图吗？
10. Вам надо сделать пересадку. 您需要换乘。
11. Я буду ехать до конечной, сколько с меня? 我在终点站下需要多少钱？

V. 练习（упражнения）

Упражнение 1 翻译句子

1. 您好，请给我一张到新郑国际机场的票，谢谢！
2. 您好，请接受安检。
3. 您好，请问去动物园要坐几号线？
4. 我听着呢，您要去哪一站？
5. 请问，哪里可以给地铁卡充值？
6. Сколько стоит проездной до центра города?
7. Автомат по продаже билетов работает?
8. Перед входом на станцию необходимо пройти досмотр.
9. Возьмите пожалуйста ваш билет.
10. С вас 8 юаней.

Упражнение 2 翻译词组

1. 环线	2. 出地铁站	3. 乘地铁
4. 请到这边来	5. 用电脑	6. Уметь говорить по-русски
7. вещи с собой	8. Билет на пять поездок	9. Купить билет на метро
10. конечная станция	11. Радиальная линия	12. Посмотрите сюда

Упражнение 3 补全对话

A: Я хочу купить билет ____1.____ Восточного вокзала Чжэнчжоу.
我想要买一张到郑州东站的票。

B: Хорошо, с вас 10 Юаней. ____2.____ пожалуйста ваш билет.
好的，收您10元。请拿好您的票。

A: Спасибо! 谢谢！

VI. 参考答案（ключи к упражнениям и заданиям）

Упражнение 1

1. Здравствуйте, билет до Международного аэропорта Синьчжэн, пожалуйста.
2. Здравствуйте, пройдите на досмотр.
3. Здравствуйте, скажите пожалуйста, по какой линии можно добраться до зоопарка?
4. Слушаю вас, какая станция вам нужна?
5. Скажите пожалуйста, где я могу пополнить карту метро?
6. 到市中心的票多少钱？
7. 自动售票机能用吗？
8. 进站之前必须接受安全检查。
9. 请拿好您的票。
10. 收您8元。

Упражнение 2

1. Кольцевая линия
2. Выходить со станции метро
3. На метро
4. Идите сюда
5. Пользоваться компьютером
6. 会说俄语
7. 随身物品
8. 5个行程的票
9. 买地铁票
10. 终点站
11. 直线
12. 往这边看

Упражнение 3

1. до 2. Возьмите

三、技能实践：情境演练（ситуационные упражнения）

同学们根据给定情境完成工作情境对话并填写表格。

工作情境一

工作情境主题	你是郑州地铁会展中心站的一名售票员，两位俄罗斯留学生在你的窗口买票，他们要买从本站到关虎屯站的票。
参与者	
角色分配	
预计完成的工作目标	
情节对话设计（俄语）	
工作情境核心语句（俄语）	
难点或出错语句	
实践分析	1. 是否顺利用俄语处理该项工作？ 2. 工作难点及语言难点是什么？ 3. 如何克服难点？ 4. 如何改善工作及语言能力？ 5. 对自己的强化目标是什么？ 6. 本次工作情境演练成功之处是什么？
实践总结	1. 心得总结 2. 语言总结

工作情境二

工作情境主题	你是郑州地铁5号线的安检人员，一名俄罗斯外教人员安检时随身携带了一杯水，你要求他打开水杯并试喝。
参与者	
角色分配	
预计完成的工作目标	
情节对话设计（俄语）	
工作情境核心语句（俄语）	
难点或出错语句	
实践分析	1. 是否顺利用俄语处理该项工作？ 2. 工作难点及语言难点是什么？ 3. 如何克服难点？ 4. 如何改善工作及语言能力？ 5. 对自己的强化目标是什么？ 6. 本次工作情境演练成功之处是什么？
实践总结	1. 心得总结 2. 语言总结

四、技能提升：小组顶岗实习演练（практические упражнения）

请同学们分小组进行俄语演练，选定顶岗实习人员，设计工作情节，完成实习演练并书写实习工作日志。

现在你是一名郑州地铁 2 号线的实习安检人员，在紫荆山地铁站工作。此刻你遇到了一个麻烦，来自白俄罗斯的一位女大学生不想把随身的背包放在安检仪上，她说国外的地铁都没有安检，你会……
小组成员： 售票员： 乘客： 情节设计： 根据情节展开工作，由指导教师指点并评价：
工作日志 时间： 地点： 岗位： 工作过程： 自我评价：

五、拓展学习（дополнительные знания）

北京地铁安检员的热心服务

如何搭乘俄罗斯的地铁和公交

思考与讨论：谈谈你在生活中遇见的地铁安检时的奇闻轶事。你认为一名合格的地铁安检员应具备什么样的职业素质？

УРОК 2

问询服务

Справочно-информационные услуги

本课学习目标（цель обучения）

1. 知识目标

(1) 了解地铁站台服务岗位的基本内容；

(2) 学习地铁站内地点指引，乘车、换乘指导，车厢位置提醒所需用语及句式；

(3) 了解地铁站台工作环境遇到的情境、环节、事件。

2. 能力目标

(1) 具备城市轨道交通服务岗位的俄语交流技能；

(2) 具备在具体情境下，如指引车厢、站台客流疏导时的专业俄语表达能力；

(3) 会使用俄语与旅客或同事在地铁服务场景中进行基本沟通。

3. 素质目标

(1) 具有创新思维，培养学生讲文明有礼貌的意识习惯；

(2) 具备跨文化交际、与乘客或同事积极沟通的能力；

(3) 具有团队协作能力及对工作任务的执行能力。

一、情境导入（введение в ситуацию общения）

近年来，越来越多的城市加入了地铁建设大军中，不少城市地铁都有多条线路。对于不熟悉地铁线路的乘客而言，可能存在错乘、漏乘的风险，需要熟悉线路的地铁工作人员进行指引。

情境一： 今天的地铁1号线异常的繁忙，本以为是平凡的一天的你，遇到了一件棘手的事情。安娜和萨沙是一对情侣，他们来到河南旅游，今天他们计划从郑州东站出发去北京，但是到了地铁站后两个人却争执起来了。安娜觉得应该坐2号线，转乘1号线到郑州东站。萨沙却认为应该转乘5号线。在他们争执不下的时候，恰好遇到你，于是他们向你询问到底该怎么乘坐地铁。

思考：你认为应该转乘几号线？你能用所学的俄语知识向他们解释清楚吗？

情境二： 瓦洛佳和朋友刚刚吃完麻辣火锅，准备乘坐地铁回学校。刚进地铁站肚子就开始咕咕叫，于是急忙跑向你，询问卫生间在哪。

思考：请使用简洁的俄语语言指引他快速找到卫生间。

二、语言知识（лингвистические знания）

I. 情景对话（диалоги-образцы）

1

原文：

—Подскажите, пожалуйста, где находится туалет?

—Идите прямо, первый поворот направо, и потом до конца платформы.

—Это далеко ?

—Нет, одну минуту пешком.

参考译文：

—请问，洗手间在哪？

—直走，第一个路口右转，然后走到站台尽头。

—它很远吗？

—不远，步行1分钟。

2

原文：

—Извините. Вы не знаете где находится автомат по продаже билетов?

—Да, это внизу. Спуститесь вниз по Эскалатору в конце зала, и автомат будет прямо позади вас.

—Хорошо, спуститься по эскалатору вниз, повернуться на 180 градусов, и я его увижу.

—Верно.

—Здорово! Спасибо.

—Обращайтесь.

参考译文：

—打扰一下。您知道自动售票机在哪里吗？

—是的，在楼下。坐大厅尽头的自动扶梯下去，自动售票机会在您身后。

—好的，坐自动扶梯下来，转过身，我会看到它。

对。

—太棒了！谢谢。

—有问题就再来问。

3

原文：

—Простите. Вы не могли бы подсказать нам лучший способ добраться до станции «Городской спортивный центр»? Мы туристы из России и совсем не знаем город.

—О, разумеется. Без проблем. Это очень легко. Садитесь на Кольцевую линию, она жёлтого цвета на карте. Затем нужно проехать 4 остановки и выйти на станции «Саут Кенсингтон». Далее пересядьте на линию «Дистрикт». Она зеленая.

—А в каком направлении?

—В западном. Поезд довезет вас до станции «Ричмонд». Кстати, это будет конечная станция.

—Отлично. А пересадка обязательна? Нет ли какого-нибудь прямого маршрута?

—К сожалению, нет. Вам придется сделать пересадку. Думаю, вам понадобится около 40 минут в общей сложности, чтобы добраться до места.

—Хорошо. В каком направлении нам нужно сейчас идти? Как спуститься вниз к поездам?

—Идите прямо, вниз по лестнице, затем поверните направо. Вы увидите эскалаторы. Вставайте на эскалатор слева.

—ОК. Какая платформа нам нужна ?

—Идите по указателям. Вы не ошибётесь.

—Спасибо вам большое.

—Удачи. Счастливого пути!

参考译文：

—对不起。你能告诉我们去市体育中心车站的最佳方式吗？我们是来自俄罗斯的游客，根本不了解这座城市。

—哦，当然，没问题，这很容易。坐在环线上，它在地图上是黄色的。然后乘坐 4 站，在 South Kensington 站下车。然后换到 Districtus 线。它是绿色的。

—朝哪个方向？

—朝西方。火车将带您前往里士满站。顺便说一下，这将是终点站。

—太好了，是否需要换乘？有直达路线吗？

—抱歉不行。没有直达路线，您需要换乘。我想你总共需要大约 40 分钟才能到达那个地方。

—好的。我们现在需要往哪个方向走？从哪可以下楼坐车？

—直接走下楼梯，然后向右拐。您会看到自动扶梯。坐左侧的自动扶梯。

—行。那我们是哪一个站台呢？

—跟着指示牌走。您不会走错的。

—非常感谢你。

—祝你顺利。旅行愉快！

4

原文：

—На станции метро есть много выходов. Какой выход нам нужен?

—Идём по указателям. У выходов из метро есть нумерация. Там ещё к номеру всегда приписано название улицы. Это тоже помогает.

—Выход ведёт в подземный переход, там две лестницы идут в разные стороны наверх, и выходы оказываются в двадцати метрах друг от друга. Навигация в метро помогает пассажиру выбрать направление.

—Да, мы выйдем из выхода B. Там будет музей.

参考译文：

—地铁站有很多出口，我们从哪个出口出来?

—我们跟着指示牌走。在地铁出口处有编号，编号后有街道名称，它也有帮助。

—出口通向地下通道，有两条向上的不同方向的楼梯，实际上出口相距 20 米。地铁导航帮助乘客选择方向。

—是的，我们从 B 出口出去，那里有一个博物馆。

5

原文：

—Простите, где находится Озеро Лонцзи? Как мне туда добраться?

—Самый простой способ — это воспользоваться метро. Садитесь на ветку 5 и сделайте пересадку на станции «Восточный вокзал Чженчжоу». Затем садитесь на ветку 1 по направлению к Хэнаньскому университету .

—Где мне выйти?

—На станции «Улица Босюе».

—Сколько остановок?

—Шесть, я думаю.

—Да, я нашёл на карте. Сколько времени нужно, чтобы туда добраться?

—Примерно полчаса.

—Это здорово. Спасибо.

参考译文：

—请问，龙子湖在哪? 我如何到达那里?

—最简单的方法是乘坐地铁，乘坐 5 号线在郑州东站换乘，然后乘坐 1 号线前往河南大学。

—我在哪下车?

—在博学路站。

—几站?

—我觉得是六站。

—是的，我在地图上找到了。到那里需要多长时间?

—大约半小时。

—这很棒。谢谢。

II. 词汇（**новые слова**）

ближайший 最近的

станция отправления 出发站

станция назначения 到达站

прямо 一直

поворот 转弯

далеко 远，遥远

близко 近

пешком 徒步，步行

идти пешком 步行（去）；走着去

минута 分钟

центр обслуживания клиентов 客服中心

верно 正确地

обращаться; обратиться 向……提出

способ 方法，办法；方式

турист 游客；旅游的人

конечный 最终的，最后的

конечная цель 最终目的，终极目的

отлично 极好，非常好

обязательный 必须的；义务的

обязательное обучение 义务教育

маршрут 路线；航线

маршрут полёта 飞行航线

к сожалению 可惜，遗憾的是

в общей сложности 总的来说；总结起来

понадобиться 需要；要用，用得着

эскалатор 自动升降梯，扶梯
лифт 电梯
лестница 楼梯
реально 实际上
Чжэнчжоуский восточный вокзал 郑州东站
Хэнаньский университет 河南大学
полчаса 半小时；半个钟头，半点钟
каждые полчаса 每半小时
здорово 真好，真棒
вот это здорово! 这真是了不起
Туалет 厕所（最常见的厕所的表达方法）
дамский туалет 女厕所
Женский туалет 女厕所
Общественный туалет 公共厕所
туалетная комната 卫生间
уборная 洗手间，更衣室
ванная 浴室，洗手间
Мужской туалет 男厕所
умывальная комната 盥洗室
женская комната 女厕
мужская комната 男厕
север 北
юг 南
запад 西
восток 东
северо—запад 西北
северо—восток 东北
юго—запад 西南
юго—восток 东南
до конца 到尽头
сквер 街心公园
красный сигнал светофора 红灯
зелёный сигнал светофора 绿灯
желтый сигнал светофора 黄灯
навигация 导航
навигация по веб-сайту 网站导航
нумерация 编号
нумерация линии 线路编号

III. 重点语法与词汇（ключевая грамматика и лексика）

1. добраться; добираться-берусь, -берёшься 到达；见到；读到。例如：
   добраться до вершины горы 好不容易到达山顶
2. выйти（выйду, выйдешь;）выходить 走出，出来，出去。例如：
   выйти из дома 从家里出来 выйти из вагона 下车，走出车厢
   выйти на улицу 走到街上
3. оказываться; оказаться 原来是。例如：
   Вы с ним, оказывается, давно знакомы. 你们原来早就相识。
4. понадобиться 需要；要用，用得着。例如：
   ему не понадобится эта книга 他不需要这本书
5. спускаться; спуститься, спущусь, спустишься[完] 下去，下来。例如：
   спуститься с лестницы 从楼梯上下来
6. по [三格] 沿；在……上（面）；在……中。例如：подниматься по лестнице 上楼梯
7. вниз 往下，向下。例如：вниз по лестнице 下楼梯
8. внизу 在下面，在底下。例如：жить внизу 住在楼下
9. вверх 往上
10. наверху 在上面
11. позади 在……后面。例如：он сидел позади меня 他坐在我后面
12. обращаться; обратиться 向……提出。例如：
    обращаться к кому-либо за помощью 请求……帮助
    обращаться к кому-либо с вопросом 向……提个问题

IV. 主要句型（главные речевые структуры）

1. Идите прямо метров 50, и увидите эскалатор.
   往前直行 50 米您就可以看到自动扶梯了。
2. Куда вам нужно добраться? 您要去哪？
3. А вот и выход из метро. 这就是地铁出口
4. Посмотрите, прямо перед нами переход на другую линию, над ним сверху есть большой указатель. 瞧，就在你面前有一个换乘通道，上面有个大的指示牌
5. Вверх по эскалатору. 乘自动扶梯上去。
6. Пройдите немного вперёд. 往前稍微走一点。
7. Идите прямо, не сворачивая, вам нужно пройти три квартала.
   直行，不必转弯，过三条街就到了。
8. Рядом с книжным магазином вы увидите вход в метро.
   书店旁边您就能看见地铁入口。
9. Пройдёте вперёд метров 50 и увидите туалет. 向前走 50 米左右就能看见卫生间了。
10. Следите за указателями. 您按路标走。
11. Вот напротив. Пройдёте по подземному переходу. 穿过地下通道，就在对面。
12. На станции Nan Sanhuan выйдите. 请在南三环站下车。
13. Вернитесь назад и поверните направо. 往回走，在朝右拐。
14. Вам нужно пересесть на вторую линию на станции «Цзицзиншань».
    请在紫荆山站换乘 2 号线
15. От метро направо и вниз по улице мимо кинотеатра.
    从地铁站向右，沿街下行，过电影院。
16. Можно пройти от метро пешком, там недалеко.
    从地铁出来可以步行，离得不远。
17. Вы заблудились? 您迷路了吗？
18. Идите за мной, пожалуйста. 请跟着我走。
19. Я вас провожу. 我送您。
20. По какой линии можно добраться до центра города? 坐几号线可以去市中心？
21. Вам нужно ехать примерно 15 минут. 您大概需要乘坐 15 分钟。
22. Вам нужно пересесть на пятую линию на станции Central Square.
    您需要在中心广场站换乘 5 号线。
23. Вам надо проехать 6 остановок, и выйти на станции University Road.
    您应该坐 6 站，并在大学路下车。
24. Следующая остановка будет центр города? 下一站就是市中心？
25. Идите прямо , потом направо(налево). 直行，然后往右拐（左）。
26. Сядьте на линию номер восемь по направлению к Henan University, через три остановки будете на месте. 请乘 8 号线往河南大学方向，过 3 站就到了。
27. Поезжайте до конечной станции. 您坐到终点站。
28. Идите налево, а потом поверните за угол. 向左走，然后拐角处拐弯。

V. 练习（упражнения）

Упражнение 1 翻译句子

1. 您好，请问卫生间在哪里？

2. 您好，一直走到这个站台的尽头，卫生间在您的右手边。
3. 您好，请问去动物园在哪一站下车？
4. 您需要在下一站换乘？
5. 请问，地铁售票处在哪里？
6. Идите прямо, потом направо.
7. Сколько остановок мне надо проехать?
8. Где находится выход из метро?
9. Спуститься по эскалатору вниз.
10. Следите за указателями.

Упражнение 2 翻译词组

1. 公共厕所 2. 自动扶梯 3. 电梯 4. 地铁出口 5. 一直
6. Станция отправления 7. следующая остановка 8. за угол 9. выйти из вагона

Упражнение 3 补全对话

A: Скажите пожалуйста, где ____1.____? 请问，公共厕所在哪里？
B: Идите прямо ____2.____, потом ____3.____, и вы увидите его.
一直走到头，然后右转，您就看到它了。
A: Спасибо! 谢谢！
B: ____4.____. 不客气

VI. 参考答案（ключи к упражнениям и заданиям）

Упражнение 1

1. Здравствуйте, где туалет?
2. Здравствуйте, идите прямо до конца платформы, туалет будет справа от вас .
3. Здравствуйте, скажите пожалуйста, на какой остановке мне надо выйти, чтобы попасть в зоопарк?
4. Вам нужно пересесть на следующей остановке.
5. Скажите пожалуйста, где находится касса?
6. 直行，然后右转。 7. 我需要坐几站？ 8. 地铁出口在哪里？
9. 乘坐自动扶梯下楼。 20. 请您按照指示牌走。

Упражнение 2

1. общественный туалет 2. эскалатор 3. лифт 4. выход метро 5. прямо
6. 始发站 7. 下一站 8. 在拐角 9. 下车

Упражнение 3

1. Общественный туалет 2. до конца 3. поверните направо 4. не за что

三、技能实践：情境演练（ситуационные упражнения）

请同学们根据给定情境完成工作情境对话并填写表格。

工作情境一

工作情境主题	你在郑州东站地铁站台工作，一位俄罗斯游客向你询问从郑州东站怎么坐地铁到会展中心。
参与者	
角色分配	
预计完成的工作目标	
情节对话设计（俄语）	
工作情境核心语句（俄语）	
难点或出错语句	
实践分析	1. 是否顺利用俄语处理该项工作？ 2. 工作难点及语言难点是什么？ 3. 如何克服难点？ 4. 如何改善工作及语言能力？ 5. 对自己的强化目标是什么？ 6. 本次工作情境演练成功之处是什么？
实践总结	1. 心得总结 2. 语言总结

工作情境二

工作情境主题	一位吉尔吉斯斯坦游客向你询问地铁站内的卫生间在哪里，卫生间不在本层，需要下楼，右拐再步行一段距离。
参与者	
角色分配	
预计完成的工作目标	
情节对话设计（俄语）	
工作情境核心语句（俄语）	
难点或出错语句	
实践分析	1. 是否顺利用俄语处理该项工作？ 2. 工作难点及语言难点是什么？ 3. 如何克服难点？ 4. 如何改善工作及语言能力？ 5. 对自己的强化目标是什么？ 6. 本次工作情境演练成功之处是什么？
实践总结	1. 心得总结 2. 语言总结

四、技能提升：小组顶岗实习演练（практические упражнения）

请同学们分小组进行俄语演练，选定顶岗实习人员，设计工作情节，完成实习演练并书写实习工作日志。

现在你是一名在郑州地铁 5 号线的实习工作人员，在紫荆山路地铁站工作。你在工作时遇到一名外国游客，他想要去正弘城，然后去郑州动物园，之后去会展中心参观著名地标建筑“大玉米”，但是不知道怎么乘坐地铁，你会……
小组成员： 售票员： 乘客： 情节设计： 根据情节展开工作，由指导教师指点并评价：
工作日志 时间： 地点： 岗位： 工作过程： 自我评价：

五、拓展学习（дополнительные знания）

优秀的地铁指路人——田畅

在俄罗斯的日常出行

思考与讨论：你觉得想成为田畅这样的优秀的地铁指路人应具备什么样的职业能力？你认为平凡的地铁指路者的工作价值高吗？

УРОК 3

乘车服务

Обслуживание пассажиров в метрополитене

本课学习目标（цель обучения）

1. 知识目标

（1）了解城市轨道交通服务涉及的相关操作流程；

（2）学习地铁报站、安全注意事项介绍、服务项目介绍、发车的俄文单词及句式；

（3）学习地铁突发紧急情况处理、特殊旅客要求、急救场景的俄语口语表达方式。

2. 能力目标

(1) 能准确用俄语进行列车进站、离站播报；

(2) 掌握地铁站内问询、指引列车运行方向及有序排队候车的表述；

(3) 会正确处理地铁车厢内旅客的违规乘车行为。

3. 素质目标

(1) 培养学生的批判性思维能力，培养讲文明有礼貌的意识和工作习惯；

(2) 基本具备跨文化交际能力和与外籍乘客沟通处理的能力；

(3) 具有团队协作的能力以及对工作任务的执行能力。

一、情境导入（введение в ситуацию общения）

地铁在人们日常生活中扮演着重要的角色。在乘坐地铁的过程中，也需要乘客遵守规则，文明乘车，维护好车厢秩序。对于地铁从业人员而言，如何在车厢内引导乘客、帮助乘客，也是一门重要的学问。

情境一：你是一名郑州地铁 5 号线的站台工作人员。你的日常工作就是提醒乘客乘车安全、为乘客提供换乘指引、维护站台以及车厢的正常秩序。有一天，你正在站台值班，一位来自哈萨克斯坦的旅客别佳满脸迷茫地向你走来。他来河南旅游，本来是要乘坐地铁 5 号线到郑州东站，但是他弄错了乘车方向，不得不在本站下车寻求帮助。

思考：你知道怎么指引他正确乘车到达郑州东站吗？

情境二：刚刚帮助完别佳的你还没来得及喘口气，又有一名俄罗斯的旅客阿列克谢急冲冲地向你跑来，原来他在本站下车的时候把自己的背包忘在了车上。

思考：你该怎么帮助他解决这个问题，你掌握解决这个问题所需要的俄语表达技巧吗？

情境三：今天是国庆假期的第一天，天气晴朗，是出行游玩的好时机。地铁站充满了出行的人们，有的人乘坐高铁出远门旅游，有的人去市中心商场购物。你在 1 号线和 2 号线换乘站工作。你在站台指导乘客先下后上、切勿拥挤、有序乘车、安全出站。

思考：你会用俄语说“切勿拥挤，先下后上，列车关门注意安全，这边出站”等工作用语吗？

二、语言知识（лингвистические знания）

I. 情景对话（диалоги-образцы）

1

原文：

Ты: Здравствуйте, чем я могу вам помочь?

Петя: Добрый день. Скажите, пожалуйста, как мне добраться до станции «Восточный вокзал Чжэнчжоу»?

Ты: Конечно, вы можете доехать до станции «Восточный вокзал Чжэнчжоу» в этом направлении, но вам нужно проехать 12 остановок.

Петя: Ой, так далеко?

Ты: Нет, вы ошиблись, линия 5 является кольцевой линией, лучше ехать в противоположном направлении.

Петя: А сколько становок мне ехать?

Ты: 5.

Петя: Нужно ли мне делать пересадку?

Ты: Нет, просто выходите через 5 остановок и вы окажетесь внутри Восточного вокзала.

Петя: Понятно, а когда приедет следующий поезд?

Ты: Посмотрите на дисплей выше, поезд приедет через 3 минуты.

Петя: Спасибо большое!

Ты: Не за что.

参考译文：

你： 您好，有什么可以帮您的吗？

别佳：中午好，请问我怎么才能到郑州东站？

你： 当然，往这个方向可以到达郑州东站，但是您需要坐12站。

别佳：天啊，那么远吗？

你： 不是，您弄错了，5号线是环线，您最好去对面坐车。

别佳：那我需要坐几站？

你： 5站。

别佳：我还需要换乘吗？

你： 不需要，就坐5站即可，出了地铁您就在郑州东站的车站里面了。

别佳：明白了，那下一趟车几点到？

你： 请看上方的显示屏，3分钟之后。

别佳：谢谢您！

你： 不客气。

2

原文：

Алексей: Здравствуйте!

Ты: Здравствуйте! Что у вас случилось?

Алексей: Я забыл свою сумку в вагоне.

Ты: Не волнуйтесь, я сейчас свяжусь с моей коллегой. А вы помните, в каком вагоне вы были?

Алексей: Точно не помню, но мне кажется в середине поезда.

Ты: А какая у вас сумка, и что в ней?

Алексей: Чёрная, в ней паспорт, наличные и смартфон.

Ты: Хорошо, моя коллега уже нашла вашу сумку. Она вас ждёт на платформе через три остановки.

Алексей: Отлично, спасибо вам большое!

Ты: Я поеду вместе с вами.

Алесей: Хорошо, спасибо ещё раз!

参考译文：

阿列克谢：您好！

你： 您好！您发生什么事了？

阿列克谢：我把包忘在车厢里了。

你： 别急，我现在联系我的同事。您记不记得在几号车厢？

阿列克谢：具体记不清了，好像是列车中部。

你： 您的包什么样，里面有什么东西？

阿列克谢：黑色的，里面有护照、现金和手机。

你： 好的，我的同事已经找到您的包了，他在3站之后的站台等您。

阿列克谢：太好了，太感谢您了！

你： 我和您一起去吧。

阿列克谢：好的，再次感谢！

3

原文：

Внутри станции метро «Вокзал Чжэнчжоу»

Длинные очереди у входов А и В.

Сотрудник А: Уважаемые пассажиры, пожалуйста, не толпитесь. Можно входить через входы С и D! Там сейчас нет очередей, очень мало людей! Вы можете пройти туда!

Сотрудник В：Пожалуйста, не спешите！ Соблюдайте технику безопасности при использовании эскалатора. Пассажиры с сумками проходят через правую линию досмотра, пассажиры без сумок могут проходить через линию экспресс-досмотра слева.

参考译文：

地铁站“郑州火车站”内

A、B 进站口排队拥挤。

工作人员 A：尊敬的乘客，请大家不要挤。你们可以到 C、D 进站口进站，那里现在人很少，不用排队。请去那边。

工作人员 B：请大家不要着急进站，使用自动扶梯时注意技术安全要求！带包的乘客请走右侧安检通道，没有随身物品的乘客可以走左侧快速通道。

4

原文：

Система громкой связи в вагоне метро и на станции метро

—Осторожно двери закрываются, следующая станция «Восточный вокзал Чжэнчжоу». Уважаемые пассажиры, уступайте места инвалидам, пожилым людям, пассажирам с детьми и беременным женщинам.

—Уважаемые пассажиры, сейчас час пик. Чтобы сэкономить время, покупайте билеты в автомате по продаже билетов или отсканируйте QR-код с помощью мобильного телефона для входа на станцию.

—Уважаемые пассажиры, сейчас час пик. Выстройтесь в очереди на вход к разным вагонам. Заходите в вагон после того, как другие пассажиры уже вышли. Уважайте друг друга.

—Пожалуйста, следуйте указаниям сотрудников и ожидайте следующего поезда. Спасибо за сотрудничество.

— Уважаемые пассажиры, это станция «Вокзал». Пассажирам, покидающим станцию, необходимо сканирвать свои билеты, проездные карты или QR-коды для мобильных телефонов. Нельзя бегать по лестнице эскалатора. Следите, чтобы ваша одежда и обувь не попали в движущиеся части механизма.

参考译文：

地铁车厢及站内广播

—请注意车门即将关闭，下一站郑州东站。尊敬的乘客，请给残疾人、老人、带孩子的旅客和孕妇让个座。谢谢！

—乘客们，现在是客流高峰，为了节省您的时间，请到自动售票机购票或手机扫码进站。

—乘客们，现在是客流高峰，请分散车门，排队上车，先下后上，文明乘车。

—请听从工作人员的指引，耐心等待后续列车，感谢您的配合。

—乘客们，本站是火车站站，出站的乘客请手持卡或刷手机二维码依次通过闸机验票出站，搭乘扶梯时，请站稳扶好，注意脚下安全。

5

原文：

Сотрудник：Здравствуйте! В вагоне запрещено есть и пить!

Пассажир：Хорошо, извините, я не знала.

Сотрудник：Здравствуйте! В вагоне нельзя курить!

Пассажир：Понятно, это моя вина, прошу прощения.

参考译文：

工作人员：您好！车厢内禁止饮食。

乘客：好吧，对不起，我之前不知道。

工作人员：您好！车厢内禁止吸烟。

乘客：明白了，是我不对，对不起。

II. 词汇（новые слова）

платформа 站台
карта 地图
линия 线路
зазор 缝隙
эскалатор 自动扶梯
турникет 栅门
трек 轨道
станция 站
пересадка 换乘
вход 入口
выход 出口
билет 票
терминал 闸机
держать 持、握、抓
метро 地铁
метрополитен 地下铁道
жетон 票币
разовый 单次的
поездка 行程
поступок 行为
поведение 举止
нарушение 违反、破坏
правило 规则、规定
направление 方向
схема 示意图
остановка 停靠站
касса 售票处
край 边缘
тариф 价格、资费
прислониться/прислоняться 倚、靠
машинист 司机
пассажир 乘客
диктор 播音员
дверь 门
закрыться/закрываться 关闭
открыться/открываться 打开
осторожно 小心、注意
внимание 注意
середина 中间
вагон 车厢
очередь 排队
сотрудник метрополитена, персонал метро 乘务人员
комната отдыха,вестибюль 休息室、大厅
лифт 直梯
автомат 自助机

III. 重点语法与词汇（ключевая грамматика и лексика）

下面介绍动词前缀的不同含义。

1. 前缀 в-　入内，加入。例如：
входить, войти в комнаду　进入房间　комары влетели в дом　房子里飞进来蚊子
2. 前缀 вы-
(1) 离开，出来。例如：выйти из офиса　从办公室出来，вынести　引出，领出
(2) 仔细完成。例如：выбелить　刷得雪白，выписать　摘录
(3) 承受住。例如：выстрадать　饱经痛苦，выжить　（受伤、生病后）继续活下来
(4)（与带 ся 动词连用）表示行为达到充分的程度。例如：выплакаться　哭够，выспаться　睡够
3. 前缀 до-
(1) 达到某一地点或时间。例如：
доехать до какого места　到达某一地方　дожить до ...　住到某一时候
(2) 补足某行为。例如：доплатить 补交，дописать 补写，写完
(3) 彻底完成。例如：дочитать　读完，доесть　吃完
(4)（与带 ся 动词连用）表示"获得……结果"。例如：договориться　约定，додуматься　想出来
4. 前缀 за-
(1) 运动方向；向……后；过……界。例如：
забежать за...　跑到……后面　залететь за...　飞到……外
(2) 掩盖，堵塞。例如：закрыть дверь　关门
(3) 顺便。例如：завести что-чего куда　把谁或什么东西顺便送至某处
(4) 开始。例如：заговорить　开始说
5. 前缀 про-
(1) 经过，越过。例如：
пройти через перекресток　走过路口　проехать через переход　经过地下通道
(2) 充分，彻底。例如：продумать　深思熟虑，проработать　仔细研究
(3) 经过若干距离，若干时间。例如：
проплыть　游泳（若干里程）　проспать　睡了（若 干时间）
(4) 错过，漏掉。例如：прослушать, просмотреть　听漏，看漏
6. 前缀 у-
(1) 离去，消失。例如：уйти　走掉，离开，убрать мусор　收拾垃圾
(2)（与带 ся 动词连用）安定下来。例如：усесться 坐定，улечься 躺下
7. 前缀 при-
(1) 来到，连接。例如：прийти　来到，привезти　运到
(2) 稍微。例如：привстать　欠欠身，приоткрыть　稍微打开一点
(3) 达到结果。例如：приготовить　准备好，примирить　使和解
8. 前缀 по-
(1) 稍微，一会儿。例如：побегать　跑一跑，почитать　读一读
(2) 开始。例如：побежать　开始跑，полететь　开始飞
(3) 获得结果。例如：построить　建成，постареть　变老

IV. 主要句型（главные речевые структуры）

1. Как называется эта станция?　这个站的名称是什么？

2. Я могу доехать на метро до…? 我可以到……地铁站吗？
3. Где можно купить билет метро? 在哪儿可以买地铁票？
4. Покажите на схеме, пожалуйста. 请在图上指一下。
5. Сколько остановок мне ехать? 我需要坐几站？
6. Как перейти на другую линию? 我如何转到另一条线路？
7. В какую сторону (по линии метро) мне нужно ехать? 我需要坐哪个方向？
8. Какая ближайшая к … станция метро? 离……最近的地铁站是哪里？
9. Где мне сделать пересадку? 我在哪里换乘？
10. Отойдите от края платформы. 请远离站台边缘。
11. Поезд дальше не следует, пожалуйста, освободите вагоны.
列车不再运行，请清空车厢。
12. Не могли бы вы подсказать мне, как добраться до станции метро?
您能告诉我怎么去地铁站吗？
13. Осторожно, двери закрываются, следующая станция…
小心，门正在关闭，下一站……
14. Уступайте места беременным женщинам, пассажирам с детьми и пожилым людям.
请给孕妇、带小孩的乘客和老人让座。
15. Проходите в середину вагона, не толпитесь у дверей вагона.
请往车厢中间走，不要在车门处拥挤。
16. В вагоне нельзя курить! 车厢内禁止吸烟。
17. В вагоне запрещено есть и пить! 车厢内禁止饮食。

V. 练习（упражнения）

Упражнение 1 翻译下列句子

1. Чтобы попасть в центр города, до какой станции мне нужно доехать?
2. 请远离站台空隙，注意安全！
3. Этот поезд идёт до музея.
4. 您需要乘坐3号线，在中心广场换成5号线。
5. 走到站台的尽头，然后右转，您就可以看到卫生间了。
6. Двери закрываются, пожалуйста, дождитесь следующего поезда.
7. Идите прямо, вниз по лестнице, затем поверните направо. Вы увидите эскалаторы. На эскалаторе стойте с правой стороны.
8. 乘坐电动扶梯上楼，您就可以看到出口了。
9. Идите по указателям.
10. 您弄错了，去火车站应该去对面乘车。

Упражнение 2 翻译下列词组

1. 站台 2. 正在关门 3. 小心 4. 让座 5. делать пересадку

6. следующая станция 7. рассаживайтесь по-одному 8. выстраивайтесь в очередь
9. пожалуйста, соблюдайте порядок 10. не прислоняйтесь к двери

Упражнение 3 补全对话

1.

A: Простите, скажите, пожалуйста, как ____(1)____? 打扰一下，请问怎么转乘5号线？

B: ____(2)____«Новый кампус Хэнаньского университета». 往河南大学新区方向。

A: ____(3)____мне ехать? 我需要坐几站？

B: Шесть. 6站。

2.

A: Проходите____(1)____ вагона, не толпитесь ____(2)____.
请往车厢中部走，不要挤在门口。

B: Ладно. 好吧。

A: Пожалуйста, ____(3)____ в вагоне, иначе я вызову полицию.
先生，请不要在车厢内吸烟，否则我要报警了。

B: Извините! 不好意思！

VI. 参考答案（ключи к упражнениям и заданиям）

Упражнение 1

1. 我要坐到哪一站才能到达市中心？
2. Осторожно, отойдите от края платформы.
3. 这趟列车是到博物馆的。
4. Вам нужно на третью линию, затем перейти на пятую линию на центральной площади.
5. Пройдите до конца платформы, затем поверните направо, вы увидите туалет.
6. 门要关了，请坐下一趟吧。
7. 请直走，从台阶下去，然后向右拐。您会看到自动扶梯，走左边的自动扶梯。
8. Поднимитесь на эскалаторе наверх, и вы увидите выход.
9. 请按照指示走。
10. Вы ошиблись, вам нужно перейти на платформу напротив, чтобы добраться до вокзала.

Упражнение 2

1. платформа 2. двери закрываются 3. осторожно 4. уступать место
5. 换乘 6. 下一站 7. 一个一个上车
8. 排队 9. 请遵守秩序 10. 请不要倚靠车门

Упражнение 3

1. (1) перейти на пятую линию (2) Поезжайте в направлении (3) А сколько остановок
2. (1) в середину (2) у дверей (3) не курите

三、技能实践：情境演练（ситуационные упражнения）

请同学们根据给定情境完成工作情境对话并填写表格。

工作情境一

工作情境主题	你是郑州地铁 1 号线车厢巡视员，突然一名外国乘客晕倒了，你立刻过去帮助他，将他安全带下地铁并做好后续安置工作。
参与者	
角色分配	
预计完成的工作目标	
情节对话设计（俄语）	
工作情境核心语句（俄语）	
难点或出错语句	
实践分析	1. 是否顺利用俄语处理该项工作？ 2. 工作难点及语言难点是什么？ 3. 如何克服难点？ 4. 如何改善工作及语言能力？ 5. 对自己的强化目标是什么？ 6. 本次工作情境演练成功之处是什么？
实践总结	1. 心得总结 2. 语言总结

工作情境二

工作情境主题	你是郑州地铁 5 号线的站台工作人员，一名外国游客把自己的背包忘在了车厢里，你在了解情况后，及时与列车运行前方车站的同事取得联系，并与他一起去拿背包。
参与者	
角色分配	
预计完成的工作目标	
情节对话设计（俄语）	
工作情境核心语句（俄语）	
难点或出错语句	
实践分析	1. 是否顺利用俄语处理该项工作？ 2. 工作难点及语言难点是什么？ 3. 如何克服难点？ 4. 如何改善工作及语言能力？ 5. 对自己的强化目标是什么？ 6. 本次工作情境演练成功之处是什么？
实践总结	1. 心得总结 2. 语言总结

四、技能提升：小组顶岗实习演练（практические упражнения）

请同学们分小组进行俄语演练，选定顶岗实习人员，设计工作情节，完成实习演练并书写实习工作日志。

现在你是一名郑州地铁2号线的实习生。近期你的工作就是巡视车厢，发现安全隐患，处理紧急情况，及时制止车厢内的不文明行为。今天又是一个平凡的工作日，可是今天又很特别，你在车厢遇到了几次外国乘客。一对夫妻来中国旅游，行李非常多，占了好几个座位。一名外国老人乘车时，坐过了站。面对种种情况，你会……

小组成员：

售票员：

乘客：

情节设计：

根据情节展开工作，由指导教师指点并评价：

工作日志

时间：

地点：

岗位：

工作过程：

自我评价：

五、拓展学习（дополнительные знания）

昆明地铁的文明礼仪教育活动

俄罗斯的无轨电车

思考与讨论：谈谈地铁工作人员应如何用实际行动践行社会主义核心价值观，将文明礼仪融入到地铁日常工作中？

УРОК 4

应急服务

Чрезвычайные ситуации в метро

本课学习目标（цель обучения）

1. 知识目标

(1) 了解城市轨道交通旅客运输突发事件的基本概念和应急处置措施；
(2) 学习涉及城市轨道交通突发事件的俄语专业词汇和常用句式；
(3) 学习地铁特定场景下合理的语言沟通技巧。

2. 能力目标

(1) 掌握用俄语进行特殊乘务服务的基本对话；
(2) 掌握用俄语进行急救处理的基本对话；
(3) 具备在列车线路故障、电梯口乘客拥堵停滞、上下列车出现意外伤害等特定情境下的语言沟通能力。

3. 素质目标

(1) 培养学生主动服务意识，使学生形成提前预警可能突发情况的工作习惯；
(2) 基本具备跨文化交际能力和与外籍乘客沟通处理的能力；
(3) 具有团队协作精神及工作任务的执行能力。

一、情境导入（введение в ситуацию общения）

随着社会的发展、科学的进步，人们出行的交通方式变得多样化。地铁日渐成为一张城市名片。为了保障乘客安全、提升乘坐舒适体验感，各地铁公司应加强员工的安全知识培训，培养其服务意识及处理突发事件能力。

情境一：郑州地铁 1 号线会展中心站一名正在候车的乌克兰乘客突然晕倒，同行伙伴呼喊救命。郑州铁路职业技术学院毕业生小郑恰好今天在月台上班看到了这一幕。

思考：如果你是小郑，在当前突发情况下该做些什么？

情境二：9 月 30 日晚郑州地铁 1 号线市体育中心站人潮涌动，大量学生带着行李排队等待进站，还有一群俄罗斯留学生也排在后面等待从 A 口进站。而此时的 C、D 进站口却人流稀疏。

思考：如果你是市体育中心站 A 进站口工作人员，你该如何规劝后面的俄罗斯留学生从对面人流稀疏的 C、D 进站口进站？

二、语言知识（лингвистические знания）

I. 情景对话（диалоги-образцы）

1

原文：

В вагоне метро

Система громкой связи： Осторожно, двери закрываются! Следующая станция «Городской спортивный центр». Уважаемые пассажиры! В вагонах поезда держитесь за поручни! Пожалуйста, не прислоняйтесь к дверям вагона! Уступайте места пожилым людям, детям, беременным женщинам и инвалидам. Будьте внимательны и осторожны при выходе из вагонов!

Пассажир А： Ой, почему двери не закрываются？И поезд не едет?

Пассажир Б： Точно. Что случилось?

Система громкой связи： Уважаемые пассажиры! Поезд временно вышел из строя и требует технического ремонта. Просим всех пассажиров выйти из вагонов поезда и дождаться следующего. Все наши сотрудники приносят свои извинения за доставленные вам неудобства!

参考译文：

地铁车厢内

广播消息：请注意，门正在关闭！下一站是市体育中心站。尊敬的乘客！请抓住车厢内的扶手！请不要倚靠在车厢门上！请为老人、儿童、孕妇和残疾人让座。下车时要小心注意脚下！

乘客 А：怎么车门一直不关？车咋不走呢？

乘客 Б：就是啊，发生了什么事？

广播消息：尊敬的乘客朋友，列车临时发生故障，需要技术检修。请所有乘客下车等待下一趟列车。我们全体车站员工对此给您造成的不便深表歉意，敬请谅解！

2

原文：

В вагоне метро

Система громкой связи: Уважаемые пассажиры! Поезд совершает временную остановку длительностью две минуты, пожалуйста, не выходите из вагонов, не прислоняйтесь к дверям, держитесь за поручни, спасибо за сотрудничество.

参考译文：

地铁车厢内

广播消息：尊敬的乘客！列车临时停靠两分钟，请您不要下车，不要倚靠车门，握紧扶手，谢谢配合。

3

原文：

На платформе станции метро «Цзицзиншань»

Пассажир внезапно упал в обморок, и люди вокруг кричат: «Человек упал в обморок! Человек упал в обморок!» Сотрудники Иван и Сяо Юй поспешили на помощь.

Иван: Здравствуйте! Как вы себя чувствуете? Можете говорить?

Пассажир: У меня… у меня… сердце болит.

Иван: Лежите, не двигайтесь, скоро прибудет наш медперсонал.

Сяо Юй: Я уже позвонила 120. Сейчас приедет скорая помощь. Пожалуйста, не толпитесь вокруг, разойдитесь, разойдитесь!

(была натянута оградительная лента, медперсонал пришёл с аптечкой)

参考译文：

地铁“紫荆山站”月台上

一名乘客突然晕倒，周围人喊道：有人晕倒了，有人晕倒了！工作人员伊万和小雨紧急提供帮助。

伊万：您好！您哪里不舒服？可以讲话吗？

乘客：我……我……我心脏疼。

伊万：您躺平，不要动，我们医护人员马上到。

小雨：已经给120打电话了，急救车马上到。请大家不要聚集，都散开点儿，散开点儿！

（拉起隔离带，医务人员携带医药箱赶来）

4

原文：

На станции «Озеро Лунцзы»

Перед турникетом.

Пассажир: Здравствуйте! Я не могу выйти.

Персонал А: Здравствуйте! Где ваш билет?

Пассажир: Я использовал Alipay и вошёл на станцию. А сейчас мой телефон разрядился, так что не могу заплатить и не могу выйти со станции.

Персонал А: Идите в наш центр обслуживания клиентов, там вам помогут.

Центр обслуживания клиентов.

Персонал Б: Чем могу помочь?

Пассажир: Мой мобильный телефон выключен. Я не могу заплатить и выйти.

Персонал Б: Скажите, пожалуйста, номер вашего мобильного телефона.

Пассажир: 132××××××××

Персонал Б: Готово. Стоимость проезда будет автоматически списана позже. Вот билет, и вы можете пройти через турникет с этим билетом.

Пассажир: Спасибо!

参考译文:

在“龙子湖站”

在闸机前。

乘客： 您好！我出不去了。

人员 A：您好！您的车票呢?

乘客： 我用支付宝进的站。现在手机没电了，所以无法支付，出不了站。

人员 A：去我们的客服中心，那里的工作人员会向您提供帮助。

在客户服务中心。

人员 B：有什么能帮到您?

乘客： 我的手机没电了，我无法完成支付出站。

人员 B：请告诉我您的手机号码。

乘客： 132××××××××

人员 B：好了。车费稍后将自动扣除。您可以拿着这张票出站。

乘客： 谢谢！

5

原文:

Пассажир А: Так, быстро, быстро! Нам надо успеть забежать в вагон! Поезд скоро отходит.

Пассажир В: Хорошо. Бежим, бежим!

Сотрудник: Пассажиры, пассажиры, осторожно! Двери закрываются, это очень опасно! Не бегите! Стоп, стоп! Ждите следующий поезд.

Пассажиры: Ну ладно. Простите!

参考译文:

乘客 A： 快、快点！我们必须得跑步进车厢了，地铁要开了。

乘客 B： 好。快跑、快跑！

工作人员：乘客，乘客，请小心！安全门正在关闭，很危险！别跑，停下来，停下来！等待下趟地铁。

乘客： 好吧。不好意思。

II. 词汇（новые слова）

звуковая[阳性 звуковой, звук(声音)的形容词] 发声的，有声的，声音的
громкая связь 自动消息，自动提示
осторожно[副词] 小心，当心，留意[口语]
двери[дверь 的复数] 门
закрываться[未] 盖上，关上，遮蔽，关闭，停止，结束
следующая[阳性 следующий][形容词] 其次的，后继的，下一个的，下列的
станция 站，车站，地铁车站
городской [город（城市）的形容词] 城市的
спортивный [спорт（运动）的形容词] 运动的，体育的
уважаемый 敬爱的，尊敬的
держаться 抱住，扯着，握住，捂着，抓着，坚持，维持
поручни [поручень 的复数] （车厢、舷梯等的）扶手，栏杆
прислоняться 靠在……上，倚在……上
уступить 服从，让步，退让
пожилой[形容词] 已过中年的，年长的，已过中年的人
беременная[形容词] 怀孕的
инвалид 残疾人，丧失劳动能力的人
точно[副词] 的确，确实，恰恰，准确地
временно[副词] 临时，暂时
требоваться 需要，要，要求
технический 工程的，技术的，工业上用的
ремонт 修理，检修
дождаться 等候……来到，等到
сотрудник 同事，协助者，员工
остановиться 停留，中断，停顿
выходить 走出
внутри[前置词] [接二格] 在……里面，在……内部，在……范围内
многолюдный 很多人的，人数众多的
очереди[очередь 的复数] 队伍
толпиться 聚集，密集，成群，挤挤插插地走动
входить 进入，进去
через[接四格] 通过……
без[接二格] 没有，不带，不要
мало[通常接复数名词二格] 不多，很少
спешить 急忙，赶去，走得太快
обратить[кого-что на(或 в) кого-что] 把……转向，把……变为，把（思想、感情等）倾注到，说服
внимание 注意力，留心，用心，注意
безопасность 安全，安全性
проходить 驶过，通过，穿过
линия 条，带，道，跑道，车道
линия экспресс-досмотра 快速通道
скоростной 高速的，快速的
режим 制度，情况，条件，方法，状态
правый 右边的，正确的
слева （在）左边，从左边
внезапно[副词] 突然，忽然
упасть 倒塌，跌倒，落下，衰落，坠落
обморок 昏迷，昏厥
вокруг 周围，四周，附近
кричать 叫喊，呼喊
поспешить 匆忙地走，走得太快，忙着做，赶着干，急于
сердце 心脏；心
лежать[通常接六格] 躺，卧
ровно[副词] 平稳地；平静地
двигаться 移动，运动，走动，前进
медперсонал 医务人员

скорая помощь　急救

собираться　聚到一起；集合；聚会

разойдитесь　离开，走开，退后

оградительная лента　隔离带

натянут[натянуть 的被动性动词]

　拉紧，绷紧；架上

турникет　闸机

использовать　利用；使用，运用

разрядиться　减弱，手机没电

так что[口语]　因此，所以

заплатить　支付，付款

центр обслуживания клиентов　客服中心

мобильный телефон　移动电话，手机

стоимость　价格，价钱

проезд　旅行，行程

автоматически[副词]　自动地

списана[списать 的被动性动词]

　报销；注销，销掉

III. 重点语法与词汇（ключевая грамматика и лексика）

1. 带-ся 的动词：带-ся 是不及物动词，使用时后面需要接前置词。也有些具有反身和被动意义。

带-ся 动词的反身和被动意义如下：

(1) 纯反身意义。例如：одеваться（穿衣服），мыться（洗澡），купаться（洗澡），умываться（洗脸），бриться（刮脸）等。此类动词表示行为由行为主体自己发出，例如：

Мать одевает ребёнка.　妈妈给孩子穿衣服。　Мать одевается.　妈妈在穿衣服。

(2) 相互反身意义，不及物动词。例如：встретиться（见面），познакомиться（认识），расставаться（分手）等。此类动作表示两个或几个人的相互行为，例如：

Мы познакомились в парке.　我们在公园认识的。

Я встретился с моей девушкой в театре.　我在剧院见到了我的女朋友。

这种反身动词的句子中，主语一般用复数，如用单数，后面通常是前置词 с +名词五格的结构。

(3) 被动意义。一些未完成体及物动词加-ся 具有被动意义。行为客体做主语，用第一格形式，发出动作的行为主体在句子中用五格。例如：строиться（建设），закрыться（关闭），обсуждаться（讨论）等。

Робочие строят это высокое здание. Это высокое здание строится рабочими.

工人们在盖这座高楼。

Государство закрыло эти магазины. Эти магазины были закрыты государством.

政府关停了这些商店。

2. 前置词 через, без

(1) через 后面接名词四格：

① 表示"经过，通过，越过，跨过到那一面或另一侧"。例如：через турникет（通过闸机），через входы C и D（通过入口 C、D），через правую линию досмотра（通过右侧安检通道）。

②（表示方式、手段）用，透过，穿过，通过。例如：передать через соседа（通过邻居转告）。

③（表示时间或距离）过，经过，隔（若干时间或距离）。例如：через два часа（两小时后），через несколько дней（几天后），через месяц（过了一个月）。

(2) без 后面接名词二格，表示"没有，少"。例如：

Я никак не могу выполнить задачу без тебя.　没有你我无论如何不能完成任务。

Без сомнения　毫无疑问　　без вещей　没有东西　　без очередей　没有队伍

3. держаться за кого-что　抓住，握住，抱住

держусь, держишься, держится, держитесь, держимся, держатся

держаться за поручни　抓住扶手　　Ребёнок держится за мать.　小孩拉住母亲。

4. прислоняться к кому-чему　靠在……上

прислоняюсь, прислоняешься, прислоняется, прислоняемся, прислоняетесь, прислоняются

прислоняться к двери　靠在门上　　прислоняться к дереву　靠在树上

5. уступить кого-что кому-чему　让给

уступлю, уступишь, уступит, уступим, уступите, уступят

уступить место кому　给某人让座　　уступить дорогу　让路

6. выходить из строя　脱离队伍；停止工作；停产；失去战斗能力

Машина вышла из строя.　机器故障了。

7. принести извинения за что　为……抱歉，感到歉意

принести извинения за доставленные вам неудобства　为给您带来的不便抱歉

принести извинения за опоздание　为迟到而感到抱歉

8. упасть в обморок　陷入昏厥，晕倒，晕过去

упаду, упадёшь, упадёт, упадём, упадёте, упадут, упал, упала, упали

сердце упало у кого 或 в ком　（某人）心慌意乱，心情沮丧，心灰意懒

упасть духом　意志沮丧，垂头丧气；绝望

9. требовать кого-чего　需要……

требую, требуешь, требует, требуем, требуете, требуют

Больной требует покоя.　病人需要安静。　Работа требует проверки.　工作需要检查。

Машина требует технического ремонта.　机器需要技术检修。

10. дождаться кого-чего　等候……来到，等到

дождусь, дождёшься, дождётся, дождёмся, дождётесь, дождутся

дождаться следующего поезда　等到下趟火车到来

дождаться конца урока　等到下课　　дождаться утра　等到凌晨

11. обратить внимание на кого-что[接四格]　将注意力集中在……

обращу, обратишь, обратит, обратим, обратите, обратят, обратил, обратила, обратили

Обратить внимание на то, чтобы ваша одежда и обувь не попали в движущиеся части эскалатора.　请注意，衣服和鞋子不要碰到自动扶梯的运行部件。

обратить внимание на этот момент　注意力集中在这件重要事情上

обратить внимание на одно и упустить другое　顾此失彼

Пожалуйста, обратите внимание на этот пункт.　请注意这一点。

IV. 主要句型（главные речевые структуры）

1. Осторожно!　小心！

2. Не прислоняйтесь к дверям вагона.　请不要倚靠车门！

3. Держитесь за поручни! 请抓好扶手!
4. Уступайте места пожилым людям, детям, беременным женщинам и инвалидам.
请给老人、小孩、孕妇和残疾人让座。
5. Будьте внимательны и осторожны при выходе из вагонов! 下车请当心!
6. Мы все приносим свои извинения за доставленные вам неудобства.
我们所有人对给您带来的不便表示歉意。
7. Спасибо за сотрудничество. 谢谢合作。
8. Там\ здесь нет очередей, очень мало людей! 那里/这里没有队，人很少。
9. Пожалуйста, не толпитесь. 请不要着急。
10. Пожалуйста, не спешите! 请不要着急!
11. Следите, чтобы ваша одежда и обувь не попали в движущиеся части эскалатора.
请注意，衣服和鞋子不要碰到自动扶梯的运行部件。
12. Пассажиры без сумок могут проходить через линию экспресс-досмотра слева.
没带包的乘客可以走左侧快速通道。
13. Как вы себя чувствуете? 您感觉怎么样?
14. Была натянута оградительная лента. 隔离带已经拉好。
15. Мой телефон разрядился, так что не могу заплатить и не могу выйти со станции.
我的手机没电了，所以不能支付，出不了站。
16. Скажите, пожалуйста, номер вашего мобильного телефона.
请说一下您的手机号码。
17. Стоимость проезда будет автоматически списана позже. 车费稍后会自动扣除。

V. 练习（упражнения）

Упражнение 1 仿照示例将下列句子进行同义变化

Образец: Учёные изучают вопрос о жизни на других планетах.

= Вопрос о жизни на других планетах изучается учёными.

1. Люди обсуждают эту проблему.
2. Туристы часто посещают наш город.
3. В нашем городе рабочие строят много высоких зданий.

Упражнение 2 在下列句子中空缺处填上合适的前置词

1. Пожалуйста, обратите внимание ________ эту картину.
2. Давайте познакомимся _______ нашим новым студентом.
3. ______ билета мы не можем ехать на метро.
4. Нам лучше войти _______ станцию _______ другой вход, здесь очередь.

Упражнение 3 将下列短语与图片匹配

1. обратить внимание на ... 2. дождаться кого 3. упасть в обморок

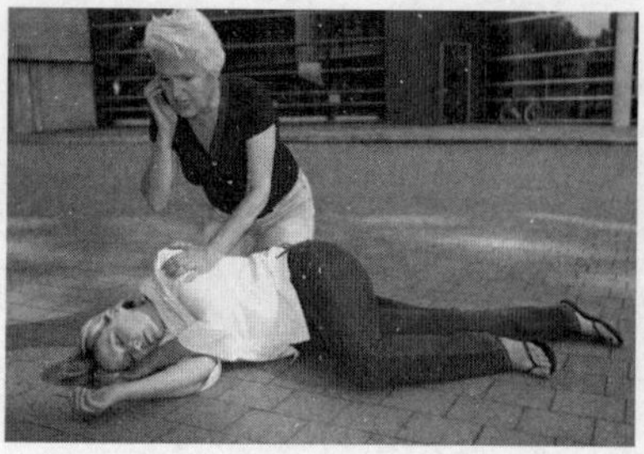

Упражнение 4　将下列句子译成俄语

1. 请说一下您的手机号码。　2. 我的手机没电了，所以不能支付。
3. 下车请当心！　4. 请抓好扶手！　5. 您感觉怎么样?

Упражнение 5　将下列句子译成汉语

1. Пассажиры без сумок могут проходить через линию экспресс-досмотра справа.
2. Следите, чтобы ваша одежда и обувь не попали в движущиеся части эскалатора.
3. Спасибо за сотрудничество.
4. Пожалуйста, не толпитесь.
5. Уступайте места пожилым людям, детям, беременным женщинам и инвалидам.

VI. 参考答案（ключи к упражнениям и заданиям）

Упражнение 1

1. Эта проблема обсуждается людьми.
2. Наш город часто посещается туристами.
3. Много высоких зданий в нашем городе строится рабочими.

Упражнение 2

1. на　2. с　3. Без　4. на, через

Упражнение 4

1. Скажите, пожалуйста, номер вашего мобильного телефона.
2. Мой телефон разрядился, так что не могу заплатить.
3. Будьте внимательны и осторожны при выходе из вагонов.
4. Держитесь за поручни!
5. Как вы себя чувствуете?

Упражнение 5

1. 没带包的乘客可以走右侧快速通道。 2. 请注意，衣服和鞋子不要碰到自动扶梯的运行部件。
3. 谢谢配合。　4. 请不要着急。　5. 请给老人、小孩、孕妇和残疾人让座。

三、技能实践：情境演练（ситуационные упражнения）

请同学们根据给定情境完成工作情境对话并填写表格。

工作情境一

工作情境主题	因地铁技术原因，需要全体乘客下车，在月台上等待下趟列车，你需要用俄语播报此条通知。
参与者	
角色分配	
预计完成的工作目标	
情节对话设计（俄语）	
工作情境核心语句（俄语）	
难点或出错语句	
实践分析	1. 是否顺利用俄语处理该项工作？ 2. 工作难点及语言难点是什么？ 3. 如何克服难点？ 4. 如何改善工作及语言能力？ 5. 对自己的强化目标是什么？ 6. 本次工作情境演练成功之处是什么？
实践总结	1. 心得总结 2. 语言总结

工作情境二

工作情境主题	节假日乘车高峰，你在入口A1处，疏散乘客有序进站。
参与者	
角色分配	
预计完成的工作目标	
情节对话设计（俄语）	
工作情境核心语句（俄语）	
难点或出错语句	
实践分析	1. 是否顺利用俄语处理该项工作？ 2. 工作难点及语言难点是什么？ 3. 如何克服难点？ 4. 如何改善工作及语言能力？ 5. 对自己的强化目标是什么？ 6. 本次工作情境演练成功之处是什么？
实践总结	1. 心得总结 2. 语言总结

四、技能提升：小组顶岗实习演练（практические упражнения）

请同学们分小组进行俄语演练，选定顶岗实习人员，设计工作情节，完成实习演练并书写实习工作日志。

现在你是一名在地铁站“郑州站”实习的站务人员，今天在你上班过程中，月台上有一名外国人突发不适，工作人员走过去跟他说话，发现其不懂英文，你尝试用俄文跟其对话，原来他来自哈萨克斯坦，接下来你将……

小组成员：

售票员：

乘客：

情节设计：

根据情节展开工作，由指导教师指点并评价：

工作日志

时间：

地点：

岗位：

工作过程：

自我评价：

五、拓展学习（дополнительные знания）

河南水灾的感人瞬间

思考与讨论：尝试列举常见的地铁应急管理事项。你认为做好突发事件应急管理工作的核心能力是什么？

项目三

航空运输工作情境实践

УРОК 1

订票服务

Заказ авиабилетов

本课学习目标（цель обучения）

1. 知识目标

(1) 学习航空票务组织的基础理论和基础知识；
(2) 学习航空票务工作流程涉及的俄语专业词汇和常用句式；
(3) 熟悉航空票务作业情境和具体环节。

2. 能力目标

(1) 掌握航空票务工作的基本技能；
(2) 具备在航空票务工作情境下的分析和解决问题的能力；
(3) 具备办理航空购票、改签、退票等相关业务的俄语应用技能。

3. 素质目标

(1) 培养具有良好素质和能力、具有较强服务意识和服务能力的应用型人才；
(2) 培养学生从事航空票务组织工作的规范意识，掌握礼貌用语，培养学生敬业、尽职尽责的职业情操。

一、情境导入（введение в ситуацию общения）

随着人们生活水平的提高，出行方式有了越来越多的选择。中短途可以选择自驾或者高铁，但是对于长途旅行，大多数人还是会选择飞机。随着经济社会的发展，航空业服务水平在不断提升，这也是吸引越来越多的人们选择乘坐飞机出行的原因。伴随着经济全球化，国际间的交往越发紧密，跨境旅游也变得越来越容易，在机场我们会接触到越来越多的外国旅客。所以，作为航空票务从业人员的你，准备好迎接这份挑战了吗？

情境一：你是一名中国南方航空公司乌鲁木齐分公司的票务员，今天轮到你在出发大厅售票处上班。一位哈萨克斯坦旅客来到售票处，想要买一张周末到北京的机票，请你帮他处理。

思考：售票过程中需要使用哪些句型，这些句子的俄语表述你都掌握了吗？

情境二：你是一名中国南方航空公司郑州分公司的电话票务员，下午 2:00 的时候，你接到了一位叫做安德烈的俄罗斯旅客的电话。电话里他说因为堵车的原因，赶不上下午 3:10 飞广州的航班了，请您帮他改签下一趟航班。

思考：如果下一趟航班的经济舱票已经售完，你怎么帮他处理？

二、语言知识（лингвистические знания）

I. 情景对话（диалоги-образцы）

1

原文：

—Здравствуйте! Я хочу полететь в Пекин в эти выходные.

—Здравствуйте! Дайте мне проверить, есть ли рейсы…Извините, но следующий рейс в Пекин либо в эту пятницу, либо в понедельник.

—Во сколько улетает самолет в пятницу?

—В 12:00 и в 16:45.

—Нет проблем. Я лучше полечу в пятницу в 16:45. Один эконом, пожалуйста.

—Можно мне ваш паспорт на секундочку?

—Да, возьмите.

参考译文：

—您好！这个周末我想去北京。

—您好！好的，让我看看是否有航班……对不起，下一次飞往北京的航班是本周五或周一。

—周五什么时候起飞？

—有 12:00 和 16:45 的。

—没有问题。我想订周五 16:45 的航班。请来一张经济舱的票。

—能否把你的护照给我看看？

—当然，拿去吧。

2

原文：

—Доброе утро! Чем могу помочь?

—Доброе утро. Я хотел бы забронировать билет туда и обратно до Шанхая.

—Когда вы хотите лететь?

参考译文：

—早上好！有什么可以帮您的吗？

—早上好。我想订一张去上海的往返机票。

—您想什么时候飞？

—20 апреля.
—В этот день есть 2 рейса в Шанхай. Первый—в 9:00 утра, второй в 2:30 дня. Какой для Вас более предпочтителен?
—9 утра.
—Какой класс вы хотите забронировать—бизнес или эконом?
—Эконом, пожалуйста. Сколько это стоит?
—500 долларов.
—Во время полёта подают закуски?
—Да, конечно.
—Сколько длится полёт?
—Два с половиной часа.
—В какой аэропорт мы прибываем?
—В Международный аэропорт Пудун. Когда вы хотели бы вернуться обратно?
—25 апреля.
—Хорошо. Я бронирую билет. Ваше имя и адрес, пожалуйста.
—111, улица Цзиньшуй, Новый район Чжэндун, Г. Чжэнчжоу.
—И скажите, пожалуйста, ваш номер телефона.
—123-456789
—Вы будете платить наличными или кредитной картой?
—Наличными. Вот, держите.
—Спасибо. Вы можете получить билеты за 3 дня до вылета.

—4 月 20 日。
—当天有两个航班飞往上海。一个是在上午 9 点，一个是在下午 2 点半。哪一个对你来说更合适？
—上午 9 点。
—想订哪个舱位，商务舱还是经济舱？
—经济舱。多少钱？
—500 美元。
—在飞行过程中提供零食吗？
—是的，当然了。
—飞行时间多长？
—2.5 个小时。
—到达的是哪个机场？
—浦东国际机场。你想什么时候回来？
—4 月 25 日。
—好的。我正在订票。请提供您的姓名和地址。
—郑州市郑东新区金水路 111 号。
—请给我您的电话号码。
—123-456789
—你是用现金还是用信用卡支付？
—现金。给你。
—谢谢。您可以在起飞前三天拿到票。

3

原文：

—Я бы хотел забронировать билет в Куньмин на 1 ноября.
—Я взгляну на расписание, посмотрю, что есть в наличии. Каким классом вы хотели бы путешествовать?
—Эконом класс, билет туда и обратно

参考译文：

—我想预订 11 月 1 日去昆明的机票。
—我会看一下日程表，看看有哪些航班。你想坐哪个舱位？
—经济舱，往返机票。

—Прямой рейс компании China Southern Airlines CZ6666 вылетает в 11:30.
—Хорошо.
—Ваше имя и номер телефона.
—Иван Борисов, 299-28-93. Когда я смогу забрать билет?
—За два дня до отпра вления. Не забудьте подтвердить полёт.
—Хорошо. Спасибо.

—中国南方航空 CZ6666 直达航班于 11:30 起飞。
—好的。
—您的姓名和电话号码。
—伊万·鲍里索夫，299-28-93。我什么时候可以取票？
—出发前两天。不要忘记确认航班。
—好的。谢谢你。

4

原文：

—Алло, здравствуйте, чем могу помочь?
—Здравствуйте, мне нужно поменять билет на следующий рейс.
—Что у вас случилось?
—Я в пробке и не успеваю на самолет.
—Какой у вас рейс?
—CZ8888, до Шанхая.
—Сейчас посмотрю. К сожалению, на следующем рейсе нет эконом-класса. Есть только бизнес-класс.
—Хорошо, помогите поменять, пожалуйста, бизнес-класс мне подойдёт.
—Без проблем, но вам необхотимо доплатить 800 юаней при получении билета в кассе.
—Понятно.
—Следующий рейс CZ8889 забронирован для вас. Самолёт вылетит сегодня в 16:00. Просто покажите паспорт в кассе, чтобы получить билет.
—Хорошо, спасибо большое! До свидания.
—До свидания.

参考译文：

—喂，您好！有什么可以帮到您吗？
—您好，我想改签下一趟航班。
—您发生什么事情了吗？
—我遇到堵车了，赶不上飞机了。
—您的航班号是？
—CZ8888,到上海。
—我看一下，很遗憾，下一趟航班没有经济舱了，只剩下商务舱了。
—可以，帮我改签吧，商务舱也行。
—没问题，但是您在售票处换票时需要补交 800 元钱。
—明白了。
—已经给您预定了下一趟航班 CZ8889。飞机于 16:00 起飞，您只需拿着护照到售票处取票即可。
—好的，非常感谢！再见！
—再见！

II. 词汇（новые слова）

аэропорт 机场
самолёт 飞机
крыло 机翼
хвост 机尾
кабина (самолёта) 机舱
кабина лётчика 飞行员座舱
салон (самолёта) 客舱
корпус/ фюзеляж 机身

шасси　起落架
рейс　航班
взлёт　起飞
посадка/приземление　着陆
вход/выход　出口/入口
пассажир　乘客
паспорт　护照
виза　签证
авария　事故
задержка　延迟
место назначения　目的地
бортпроводник　乘务员
пилот　飞行员
второй пилот　副驾驶员
охранник　保安人员
зона ожидания　候机大厅
внутренний рейс　国内航班
международный рейс　国际航班
прибытие　抵达，到达
регистрация　注册，登记
терминал　航站楼，候机楼
стыковочный рейс　联程航班，衔接航班
транзит　过境，中转
статус рейса　航班状况
взрослый билет　成人票
детский билет　儿童票
прямой рейс　直达航班
удостоверение личности　身份证
подтвердить заказ билета по телефону
　确认电话订票
экипаж　乘务员，乘务组
терминал, зал ожидания аэропорта
　航空客站，候机室
отправление　出发，离开
авиалиния / авиакомпания　航线，航空公司
пассажирский автобус в аэропорту
　机场大巴

бизнес-класс　商务舱
эконом-класс　经济舱
первый класс　头等舱
дата вылета　飞行日期
место у окна　靠窗座位
место у прохода　靠过道座位
справочная служба аэропорта　机场问询台
стюардесса　空姐
забронировать билет　预订机票
изменить бронирование　更改预订
отменить бронирование　取消预订
сдать билет　退票
билет в одну сторону　单程票
билет туда-обратно　双程票
утренний рейс　早上的航班
вечерний рейс　晚上的航班
прямой рейс　直航
посадка　登机
регистрация на рейс　登机手续
Бирка ручной клади　随身行李牌
сдать два чемодана в багаж　托运两件行李
оплатить перевес　付行李超重费
посадочный талон　登机牌
выход на посадку　登机口
рейс отменён　飞机取消
самолёт задерживается　飞机晚点
расписание　时刻表
салон самолёта, пассажирское отделение
　机舱
класс　等级
распродать　售完
без проблем　没问题
на борту[职业用语]　在飞机上
вылет　起飞
время вылета　起飞时间
регистрация　登记；挂号；注册

забрать; забирать（-беру, -берёшь; -бери; -ал, -ала, -ало） 抓，取，拿

подтверждать [未] (-аю, -аешь, -ают)

подтвердить [完](-ржу, -рдишь, -рдят; подтверждённый) что
确认，证实，证明

хотеть; захотеть 想，想要

лететь; полететь -лечу, -летишь[完]
飞起来；起飞；飞去，飞往

брать беру, берёшь; взять возьму, возьмёшь
拿，取

подавать; подать 递，端，供给

закуска 小吃

длиться; продлиться 延续，持续

наличные, -ых[复] 现金，现钱

платить наличными 付现款

Наличный расчёт 现金结算

кредитная карта 信用卡

III. 重点语法与词汇（ключевая грамматика и лексика）

1. 俄罗斯的时间表示方法

按照俄罗斯人的习惯，一昼夜的时间大致划分如下：

утро：5:00 — 11:00 （5 часов утра — 11 часов утра） 早上五点至上午十一点

день：11:00 — 17:00 （11 часов дня — 17 часов дня） 中午十二点至下午五点

вечер: 17:00 — 24:00 （5 часов вечера — 12 часов ночи） 五点至晚上十二点

ночь: 24:00 — 5:00 （12 часов ночи — 5 часа утра） 夜里十二点至凌晨五点

俄语中常用基数词(顺序数词)+ 表示时间的名词 час(时)、половина(半小时)、четверть（一刻钟）、минута（分）、секунда（秒）等名词的组合来表示钟点时刻。

1) 整点表示法：表示整点时，用基数词+表示小时名词 час（时）的适当形式。例如：
час（1 点，один 省略） четыре часа（4 点） шесть часов（6 点）

2) 分秒表示法：常用"整点 + 分钟 + 秒钟"的形式，回答"который час?(几点钟？)""Сколько времени?（什么时间？)"的问题，具体有两种表示方法：

(1) 基数词 + 表示"时"和"分（秒）"的名词的适当形式，例如：

—Который час сейчас? 现在几点？

—Сейчас семь часов. 现在七点。

—Который час сейчас? 现在几点？

—Сейчас семь часов пятнадцать минут. 现在七点十五分。

—Сколько времени сейчас? 现在几点？

—Сейчас восемь часов пятнадцать минут двадцать секунд. 现在是 8 时 15 分 20 秒。

(2) 基数词 + 表示分钟（秒）的名词的适当形式 + "实际小时数 + 1"的序数词二格，俄语中把十二至一点之间的时间叫作 первый час（第一小时），一点至两点之间的时间叫作 второй час（第二小时），两点至三点之间的时间叫作 третий час（第三小时），依此类推，但这种形式常见于口语，只能表示 30 分钟以前的时间，例如：

—Который час? 几点啦？

—Двадцать минут девятого. 8 点 20 分。

—Сколько времени? 几点？

—Половина десятого. 9 点半。

(3) 半点和一刻钟的表示法。除正常使用基数词表示外，还可用基数词 + с половиной 或 с четвертью，也可以用表示时间的名词 половина、четверть 加序数词第二格表示，例如：

Сейчас пять часов с четвертью.　　现在是 5 点一刻。

Мои часы показывают половину шестого.　　现在是 5 点半。

(4) 超过 30 分钟时间表示法：在俄语中对于超过三十分钟的时间，除了用 семь часов сорок минут（7 点 40 分）这种常规表示形式外，还可以借助前置词 без，用“差几分几点”形式来表示，即用前置词 без + 基数词第二格表示还差几分钟，几点用基数词表示，例如：

На моих часах без пяти шесть.　　我的表是差 5 分 6 点。

Сейчас без двадцати одиннадцать.　　现在是差 20 分钟 11 点。

Сейчас без четверти шесть.　　现在差 15 分 6 点。

(5)“几点多”的表示法。用“实际小时数 + 1”的序数词+ час，例如：

—Который час?　　几点？

—Одиннадцатый час.　　10 点多。

3）“在几点钟”“在什么时候”的表示方法：回答“В котором часу?”“Во сколько？”“Когда？”的问题时，有以下表示方法：

(1) 在几点几分。有两种表示方法：

① В 加第四格词组（во сколько часов），例如：

Маша обычно завтракает в семь часов пятнадцать минут.

Он идёт в школу в восемь часов утра.

② 直接用基数词 минута（分）+下一点钟点的序数词第二格，例如：

Концерт обычно начинается в двадцать минут седьмого.

音乐会通常在 6 点 20 分开始。

(2)“在几点半”，有三种表示方法，除了使用 в + 第四格词组表示的常规方法外，还可以用 во сколько часов с половиной 或 в половине+序数词第二格，例如：

в половине девятого　　在 8 点半时

Сегодня я встала в шесть часов тридцать минут.　　今天我 6 点半起床的。

Мы обедаем в половине двенадцатого.　　我们十一点半吃午饭。

Гости приедут в половине пятого.　　客人们在四点半来。

(3)“在差几分几点时”，直接用 без + 基数词第二格形式（минута 可省略）表示在几点，应特别注意在此情况下不要再使用前置词 в。例如：

без пяти четыре　　差 5 分 4 点，在差 5 分 4 点时

Фильм обычно начинается без пятнадцати /без четверти три.

电影通常在差 15 分钟/一刻钟 3 点时开始。

Без двадцати　пять я пошёл к другу.　　差 20 分钟 5 点的时候我到了朋友那。

Без десяти двенадцать они закончили разговаривать.

差 10 分 12 点的时候他们结束了交谈。

Урок кончился без трёх минут двенадцать.

差 3 分 12 点，课结束了。（11 点 57 分课程结束。）

注意：

① 俄语中表示一点钟时，час 前不加 один；在 два，три，четыре 后 часа 读成 часá[ч'исá]。在其他场合下重音在第一音节。例如：Сейчас два часá[ч'исá]（现在两点），Сейчас около чáса[ч'áса]（现在一点左右），В часе 60 минут.（一小时有 60 分钟）。

② 在口语中，час, минута 和 секунда 可以省略。

2. 俄罗斯的日期表示方法

1）表示星期（неделя）的词汇：

неделя（周、星期） понедельник（星期一） вторник（星期二）

среда（星期三） четверг（星期四） пятница（星期五）

суббота（星期六） воскресенье（星期日）

2）用 на + неделе（第六格）的结构表示"在哪周"，回答"когда？"的问题，例如：на этой неделе（在本星期），на прошлой неделе（在上星期），на следующей неделе（在下星期）。

На этой неделе у первого класса будет экзамен по русскому языку.

本周，一年级学生将有俄语考试。

На следующей неделе папа поедет в Москву. 下个星期爸爸去莫斯科。

Мой дядя купил новый телевизор на прошлой неделе. 我叔叔上周买了一台新电视。

3）用 в + понедельник（第四格）结构，表示"在星期几"，回答"когда？"的问题，例如：в воскресенье（在星期日），в субботу（在星期六），в этот（прошлый, следующий）понедельник.［在本（上个，下个）星期一］。

Гости приедут к нам в среду. 客人们星期三来我们这里。

В прошлую субботу Саша получил письмо от друга. 上星期六萨莎收到了朋友的一封信。

Мой друг поедет на экскурсию в Харбин в следующий понедельник.

我的朋友下周一去哈尔滨旅游。

IV. 主要句型（главные речевые структуры）

1. 关于订机票的主要句型如下表所示：

预订机票	1. Я хочу заказать авиабилет из Шанхая в Москву. 我想订一张从上海到莫斯科的机票。 （或 Иркутск 伊尔库茨克、Екатеринбург 叶卡捷琳堡、Санк-Петербург 圣彼得堡）
询问机票时间	2. Есть авиабилет до Москвы на 15-е марта? 去莫斯科有 3 月 15 日的票吗？
	3. На завтра билетов нет, подойдёт на пятое число? 明天的票售完了，那么 5 号的可以吗？
	4. Следующий рейс/самолёт до Шанхая в 15:00 сегодня. 下一趟去上海的航班是今天下午 15:00。
预定舱等	5. Место в третьем классе, пожалуйста! 三等舱！
	6. Какой класс вам нужен: бизнес-класс или эконом-класс? 您需要什么舱位，商务舱还是经济舱？

续表

询问航班	7. Какие рейсы будут завтра? 明天有什么航班？
	8. Когда следующий рейс? 下一趟航班什么时候？
	9. Следующий рейс будет через 2 часа. 下一趟航班2小时后。
	10. Разве только два рейса: утренний и вечерний? 难道只有早晚两趟航班吗？
询价	11. Сколько стоит билет на утренний рейс? 早班票多少钱一张？
	10. Есть ли скидки на детские билеты? 儿童票打折吗？
飞行时间	11. Сколько времени лететь до Пекина? 飞到北京要多长时间？
	12. Самолет будет лететь 5 часов. 飞机将会飞行5个小时。
	13. Мы прибудем в Москву в 8 часов утра. 我们将会在早上8点到莫斯科。
预定	问: Здраствуйте! Чем я могу вам помочь? 您好！有什么可以帮到您的吗？ 答: Я хочу заказать авиабилет из Пекина в Москву. 我想订一张从北京到莫斯科的机票。
讨论日期	问: На какое число? 几号的？ 答: На сегодня. 今天的。 问: Есть билет на второе число? 2号有票吗？ 答: Да, есть. 是的，有。
	问: Извините, все билеты на сегодня распроданы, на завтра подойдёт? 对不起，今天的票卖没了，明天的行吗？ 答: Подождите, я подумаю. 等一等，我想想。
其他航班	问: Есть другие рейсы в Москву? 有去莫斯科的其他航班吗？ 答: Нет , только этот рейс. 没有，就这一趟。
直达航班	问: Это прямой рейс? 这是直达航班吗？ 答: Нет, с пересадкой. 不是，需要转乘。
问票价	问: Сколько стоит? 多少钱？ 答: Шесть тысяч юаней. 六千元。

2. 订机票的固定句式：

(1) 对话开始：

Я бы хотел забронировать билет на самолёт. 我需要订一张机票。

Я бы хотел заказать билет до Москвы. 我想订飞往莫斯科的机票。

Один билет до Москвы в бизнес-классе/эконом-классе, пожалуйста.
一张到莫斯科的商务舱/经济舱票。

Я бы хотел забронировать билет на вечерний рейс из Лондона в Бостон на 19:45.
我想订一张19点45从伦敦飞往波士顿的机票。

(2) 询问票价：

Сколько стоит билет на самолёт в Москву? 到莫斯科的机票多少钱？

Сколько стоит детский билет? 儿童票多少钱？

Есть ли какие-нибудь скидки? 机票有折扣吗？

(3) 关于航班：

Какие рейсы есть до аэропорта Домодедово в Москве?
有哪些航班到莫斯科多莫杰多沃机场？
Это рейс с пересадкой? 这是转机航班吗？
Это прямой рейс? 这个航班是直达吗？
Как долго продолжается полёт? 飞机飞多久？
Во время полёта будут кормить? 提供飞机餐吗？

V. 练习（упражнения）

Упражнение 1 选出对应的汉语翻译

а. Я бы хотел забронировать билет на самолёт.	1. 您要去哪？
б. Куда вы летите?	2. 我需要订一张到纽约的机票。
в. Я бы хотел заказать билет до Нью- Йорка.	3. 我需要一张靠窗的机票。
г. Я бы хотел место у окна.	4. 我什么时候去候机？
д. Когда мне нужно быть в аэропорту?	5. 我需要预订一张机票。

Упражнение 2 根据所给出的译文，补全对话

1. —______________. 我想要一号飞往日内瓦的票。
   —Сейчас посмотрю, что есть.
2. —______________. 我想要早上经济舱的票。
   —Рейс Люфтганза LH 203 отправляется в 09:20.
3. —______________? 我需要几点到达？
   —Автобус отправляется в аэропорт в 07:45.

Упражнение 3 根据下列图中的场景，编写一组对话

Упражнение 4 选择题

1. Как жизнь показывает, советы родителей ________ при выборе профессии. (2015 年)
   A. полезная B. полезные C. полезна D. полезны
2. Вскоре после фестиваля имя молодого композитора стало ________ всем. (2016 年)
   A. известная B. известное C. известна D. известно

3. Володя всегда __________ прийти на помощь своим друзьям. (2017 年)
   A. готовый B. готовым C. готов D. готовы
4. Всё, что Паша говорил, было очень __________ для нас. (2018 年)
   A. смешной B. смешное C. смешон D. смешно
5. Директор школы _________, что ученики добьются успехов в новом году. (2019 年)
   A. уверен B. уверены C. уверенный D. уверенным
6. За год ребёнок вырос, и эти брюки стали ему __________. (2020 年)
   A. короткие B. коротким C. короток D. коротки

Упражнение 5 用括号内单词的正确形式填空

1. Будьте ____________ (уверенный),что Алёша признает свою ошибку.
2. Очень плохо, что мне ____________ (великий) новая рубашка.
3. Нам ____________ (дорогой) каждая минута.
4. Отдавайте деньги на книги. Пусть жизнь будет __________ (богатый) содержанием.
5. Всё ___________ (ясный), больше не спорим.
6. Дорога в лесу была так _________ (узкий), что геологи не могли идти рядом.

VII. 参考答案（ключи к упражнениям и заданиям）

Упражнение 1

а. Я бы хотел забронировать билет на самолёт.	1. 我需要预订一张机票。
б. Куда вы летите?	2. 您要去哪？
в. Я бы хотел заказать билет до Нью- Йорка.	3. 我需要订一张到纽约的机票。
г. Я бы хотел место у окна.	4. 我需要一张靠窗的机票。
д. Когда мне нужно быть в аэропорту?	5. 我什么时候去候机？

Упражнение 2

1. —Мне хотелось бы билет до Женевы на первое число.
2. —Я хочу эконом-класс и предпочтительно утро.
3. —Во сколько мне нужно прибыть?

Упражнение 4

1. D 2. D 3. C 4. D 5. A 6. D

Упражнение 5

1. уверены 2. велика 3. дорога 4. богата 5. ясно 6. узка

三、技能实践：情境演练（ситуационные упражнения）

请同学们根据给定情境完成工作情境对话并填写表格。

工作情境一

工作情境主题	你是一名南航的电话票务人员，有一位俄罗斯乘客想要购买一张明天从北京到莫斯科的机票，但是明天的机票已经售罄，只有3天以后的票了，你向他解释情况并帮助他买到合适的机票。
参与者	
角色分配	
预计完成的工作目标	
情节对话设计（俄语）	
工作情境核心语句（俄语）	
难点或出错语句	
实践分析	1. 是否顺利用俄语处理该项工作？ 2. 工作难点及语言难点是什么？ 3. 如何克服难点？ 4. 如何改善工作及语言能力？ 5. 对自己的强化目标是什么？ 6. 本次工作情境演练成功之处是什么？
实践总结	1. 心得总结 2. 语言总结

工作情境二

工作情境主题	你在新郑机场出发大厅售票处工作，一位哈萨克斯坦的乘客想要买一张最近时间到北京的机票，你为他提供售票服务。
参与者	
角色分配	
预计完成的工作目标	
情节对话设计（俄语）	
工作情境核心语句（俄语）	
难点或出错语句	
实践分析	1. 是否顺利用俄语处理该项工作？ 2. 工作难点及语言难点是什么？ 3. 如何克服难点？ 4. 如何改善工作及语言能力？ 5. 对自己的强化目标是什么？ 6. 本次工作情境演练成功之处是什么？
实践总结	1. 心得总结 2. 语言总结

四、技能提升：小组顶岗实习演练（практические упражнения）

请同学们分小组进行俄语演练，选定顶岗实习人员，设计工作情节，完成实习演练并书写实习工作日志。

你是一名在新郑机场工作的南航实习票务员，今天是一个平凡的工作日。一名因交通事故无法赶上飞机的外国旅客来到你的售票柜台要求退票，但是退票手续费很高，鉴于旅客仍有出行计划，你对他建议……，之后又来了俄罗斯一家人，他们想购买去北京的机票……

小组成员：

售票员：

乘客：

情节设计：

根据情节展开工作，由指导教师指点并评价：

工作日志

时间：

地点：

岗位：

工作过程：

自我评价：

五、拓展学习（дополнительные знания）

机场售票员高媛的故事

莫斯科谢列梅捷沃机场简介

思考与讨论：你如何评价在疫情期间坚守岗位的南航售票员高媛？谈谈她身上有什么闪光点值得我们学习？

УРОК 2

安检服务

Досмотр в аэропорту

本课学习目标（цель обучения）

1. 知识目标

(1) 学习民用航空安全保卫的基本内容和基础知识；
(2) 学习民航安全检查相关工作流程的俄语专业词汇和常用句式；
(3) 熟悉民航机场的安检场景、环节和流程；
(4) 了解当代民航的基本情况和发展现状。

2. 能力目标

(1) 掌握运用俄语进行民航安检服务的技能；
(2) 培养学生的俄语交际能力和民航安检工作情境下的俄语应用能力；
(3) 具备运用俄语进行身份验证和随身物品、行李及违禁物品检查的技能；
(4) 具备民航安全专业知识和常见问题的处理能力。

3. 素质目标

(1) 提高学生的责任心，认识岗位职责的重要性，提升团队协作能力和沟通交流能力；
(2) 具备做好本职工作、爱岗敬业、尽职尽责的职业道德。

一、情境导入（введение в ситуацию общения）

乘飞机出行一般要提前几个小时前往机场。建议国内航班至少提前两小时到达机场，国际航班至少提前三小时到达机场。提前到达机场是为了通过复杂而严苛的航空安检，而国际航班还要通过海关。近年来随着国际交流越来越频繁，国际航线也越来越多。

情境一：小刘是郑州机场海关的一名工作人员，今天上班他遇到了一些来自俄罗斯的乘客，他们的行李箱包中有照相机、植物种子。按照海关规定，小刘要询问照相机的用途且禁止乘客携带植物种子进入中国国境。

思考：如果你是小刘，你会如何与乘客展开对话？会用到哪些俄语句型及表达方式？

情境二：小刘的爱人小倩是郑州新郑国际机场国际出发乘客人身安检处的工作人员。今天她正在工作时，有几位哈萨克斯坦的乘客要出境离开中国，在他们的行李包中疑似发现了违禁品。

思考：小倩如何用俄语与乘客进行沟通，让乘客配合检查？

二、语言知识（лингвистические знания）

I. 情景对话（диалоги-образцы）

1

原文：	**参考译文：**
На таможне	在海关
Таможня: Могу я посмотреть ваш паспорт, пожалуйста?	海关：我能看一下您的护照吗？
Андрей: Конечно. Вот он.	安德烈：当然可以。给您。
Таможня: Какова цель вашего приезда в Китай?	海关：您来中国的目的是什么？
Андрей: Одна китайская компания пригласила меня на деловые переговоры.	安德烈：一家中国公司邀请我来进行商务会谈。
Таможня: Как долго пробудете здесь?	海关：您将在这儿待多久？
Андрей: Всего две недели.	安德烈：就两个星期。
Таможня: Что у вас в ручной клади?	海关：您的手提行李里有什么？
Андрей: У меня только портфель, в нем фотоаппарат.	安德烈：这件文件包里只有一台照相机。
Таможня: Вы собираетесь взять его с собой при отъезде?	海关：您离开时打算把它带出境吗？
Андрей: Да, собираюсь.	安德烈：是的。
Таможня: Согласно правилам, фотоаппарат, который вы взяли с собой для личного пользования, можно провозить беспошлинно, но при выезде из страны вы должны будете вывезти его с собой.	海关：根据有关规定，您随身携带的自己使用的照相机可以免税，但在您离开时必须带出境。
Андрей: Обязательно.	安德烈：我会的。

Таможня: Приятного пребывания в Китае.

Андрей: Спасибо.

海关： 祝您中国之行愉快。

安德烈：谢谢。

2

原文：

Досмотр на таможне

Лю Синь: Скажите, чей это чемодан?

Пассажир: Это мой чемодан, что случилось?

Лю Синь: Не могли бы вы поставить свой чемодан на стойку и открыть его?

Пассажир: Да, не проблема.

Лю Синь: Что это?

Пассажир: Это упаковка травяного лекарства.

Лю Синь: Хорошо. А это что?

Пассажир: Это? Это семена кормов.

Лю Синь: К сожалению, семена запрещены к вывозу. По законам Китая вы не можете вывозить семена растений из страны. Ваши семена будут конфискованы.

Пассажир: О, это очень плохо. Вы точно уверены, что их действительно нельзя вывозить?

Лю Синь: Простите, но это правило!

Пассажир: Очень жаль. До свидания.

Лю Синь: Всего доброго.

参考译文：

海关检查

刘鑫(海关人员)：请问，这是谁的行李箱？

乘客：这是我的，发生什么事了？

刘鑫：您能把手提箱放在柜台上打开吗？

乘客：好的，没问题。

刘鑫：这是什么？

乘客：这是一包草药。

刘鑫：好的。那是什么？

乘客：这个？这些是饲料种子。

刘鑫：很遗憾，牧草种子是违禁品。根据中国法律规定，您不能将植物种子带离中国。您的种子被没收了。

乘客：哦，那太糟糕了。你能帮忙再次确定一下，植物种子真的不可以带吗？

刘鑫：对不起，这是规定！

乘客：可惜了。再见。

刘鑫：再见。

3

原文：

Пассажир: Доброе утро! Скажите, пожалуйста, как пройти на посадку?

Сотрудник 1: Здравствуйте! Вы можете по коридору пройти до стойки № 55, затем там повернуть направо, пункт досмотра будет перед вами.

Пассажир: Большое спасибо!

Сотрудник 1: Пожалуйста.

Пассажир: Доброе утро. Это выход на посадку?

参考译文：

乘客： 早上好，请问登机口怎么走？

职员 1：您好！您可以沿着走廊一直走到 55 号值机柜台，然后在那里右转，安检通道就在您前面。

乘客： 非常感谢！

职员 1：不客气。

乘客： 早上好，这是登机口吗？

Сотрудник 2: Да, сюда, пожалуйста. Пожалуйста, поставьте вашу сумку вертикально на ленту. Если у вас есть с собой металлические предметы и сигареты, пожалуйста, положите их в поддон.

Пассажир: Металлические предметы? Какие?

Сотрудник 2: Такие как ключи, монеты, шариковые ручки, зажигалки, калькулятор и так далее.

Пассажир: А как насчет моих часов?

Сотрудник 2: Нет, их не надо снимать.

Пассажир: Тогда всё здесь.

Сотрудник 2: Хорошо. Проходите через металлодетектор. Пожалуйста, поднимите руки вверх и повернитесь.

Пассажир: Хорошо.

Сотрудник 2: Проходите, ваш выход на посадку № 22, налево, пожалуйста.

Пассажир: Спасибо!

Сотрудник 2: Хорошего полёта.

职员 2：是的，请走这边。请将您的包立着放到传送带上，以便于移动。如果您身上带着任何金属物品和香烟，请把它们放在托盘里。

乘客：金属物品？什么类型的金属？

职员 2：噢，比如钥匙、硬币、圆珠笔、打火机、计算器等。

乘客：手表呢？

职员 2：不包含手表。

乘客：那就都在这里了。

职员 2：好，请通过安检门，请举起双手，转下身。

乘客：好的。

职员 2：请往前走，您是 22 号登机口，请往左走。

乘客：谢谢！

职员 2：旅途愉快。

4

原文：

Сотрудник: Пожалуйста, поставьте ваши сумки на транспортёрную ленту, а электронику положите в поддон.

Пасажир: Нужно ли мне доставать ноутбук из сумки?

Сотрудник: Да. Пожалуйста, положите его в отдельный поддон.

Пасажир: Хорошо.

Сотрудник: Пожалуйста, откройте вашу синюю сумку. У вас там есть жидкость?

Пасажир: Да, я с собой взял минеральную воду.

Сотрудник: Пожалуйста, выпейте воду или выбросьте ее, никакую жидкость нельзя проносить с собой в зал вылета.

Пасажир: Ну, ладно.

参考译文：

工作人员：请把您的包放在传送带上，把电子设备放在托盘里。

乘客：我需要从包里取出我的笔记本电脑吗？

工作人员：是的，请把它放在一个单独的托盘里。

乘客：好。

工作人员：请打开你的蓝色包。里面有液体吗？

乘客：　　是的，我带了矿泉水。
工作人员：请把水喝了或扔掉，不得携带液体进入出发大厅。
乘客：　　嗯，好的。

5

原文：

Сотрудник： Пожалуйста, откройте свой багаж.
Пассажир1： Минуточку. Могу ли я пронести свою туалетную воду через таможню?
Сотрудник： Вы можете пронести не более 100 мл (миллилитров) жидкости.
Пассажир1： Слава богу. Я думаю, моя туалетная вода объёмом меньше 100 (ста) мл.
Сотрудник： А у вас в багаже ножи ,что ли?
Пассажир1： Да, да, я купил себе сувениры - столовые ножи.
Пассажир 2： Можно пройти?
Сотрудник： Молодой человек, не спешите, ждите своей очереди, пожалуйста. Ножи провозить нельзя. Выверните карманы, снимите пальто и обувь. Пройдите через металлодетектор.
Пассажир1： Сейчас.

参考译文：

工作人员：请打开您的行李。
乘客 1：　等一下。我可以携带香水过海关吗？
工作人员：您携带的液体不得超过 100 ml（毫升）。
乘客 1：　谢天谢地，我的香水可能不到 100 ml。
工作人员：您的行李里有刀吗？
乘客 1：　是的，是的，我给自己买了纪念品，餐刀。
乘客 2：　我能通过吗？
工作人员：先生，请不要着急，请排队。刀具不允许携带。
　　　　　打开你的口袋，脱掉你的外套和鞋子。通过金属探测器。
乘客 1：　马上。

II. 词汇（новые слова）

проверка безопасности　安全检查
таможня　海关
конечно　当然，可以
конфисковать　把……没收
деловые переговоры　商务谈判
ручная кладь　手提行李
портфель　公文包、文件包
фотоаппарат　照相机
собираться[动词]　准备，计划，打算
провозить　搬运、运送、带过去、运过去
вывезти　随身带出、运出
беспошлино　免税
травяное лекарство　草药
семена　种子的复数，单数是 семя
кормовые　牧草
запрещённые предметы　违禁物品

вертикально 垂直地、立式地
транспортёрная лента 传送带
коридор 走廊
пункт досмотра 安检处
взрывчатые предметы 易爆物品
легковоспламеняющиеся вещества 易燃物品
поднимать/поднять 抬起、举起
металлические предметы 金属物品
опасные предметы 危险物品
сигарета 香烟
мобильный телефон 手机
минеральная вода 矿泉水
правило 规定、规则
снимать/снять 脱下
персонал службы безопасности 安保人员
сувенир 纪念品
контроль 控制、管控
столовый [形容词]餐具的
нож 刀具
жидкость 液体
выпить 喝下，喝完
выбросить 扔掉，抛弃
туалетная вода(для мужчин и женщин), духи (только для женщин) 香水
зажигалка 打火机
ключ 钥匙
багаж 托运行李
посадка 登机
допускаться 准许，得到准许
вывернуть 翻过来、翻转
карман 衣服口袋
снимать 脱下、摘下、取下
металлодетектор 金属探测器
чемодан 手提箱

III. 重点语法与词汇（ключевая грамматика и лексика）

1. 表示方向意义的前置词，回答“куда（去哪里）”和“откуда（从哪里来）”的问题。

(1) 要求第二格的前置词：

① из 从……里面。例如：

Саша приехал из России. 萨沙是从俄罗斯来的。

Ли Мин прилетел из Китая. 李明是从中国乘飞机来的。

② с 从……上面，从……里面。例如：

Ручка упала со стола. 笔从桌子上掉了下来。

Анна вернулась с вокзала. 安娜从火车站回来了。

③ от 从……旁离开，从谁处走。例如：

Вася отошёл от нас. 瓦夏从我们这里离开了。

Каждый месяц я получаю письмо от Андрея. 每个月我都能收到安德烈的信件。

④ из-за 从……后面。例如：

Ван Ган вернулся из-за границы. 王刚从国外回来了。

Вадим вышел из-за дерева. 瓦吉姆从树后面走出来了。

⑤ из-под 从……下面。例如：

Собака убежала из-под стула. 小狗从椅子下面跑走了。

Они вытащили из-под кровати чемодан. 他们从床下面拉出行李箱。

(2) 要求第三格的前置词：前置词 к 表示“朝着，向着”的意思。例如：

Время подходит к вылету.　快到起飞时间了。

Сотрудники бегут к нам.　工作人员正在朝我们跑来。

(3) 要求第四格的前置词：

① в　到……里面。例如：

Дедушка положил свой билет в карман.　爷爷把票放在了口袋里。

Студенты идут в столовую.　学生们正在往食堂走。

② на　到……上面。例如：

Все идут на посадку.　所有人正在进行登机。

Болельщики едут на стадион.　球迷乘车去体育场。

③ за　到……后面，到……另一面。例如：

Пожалуйста, выйдите за ворота.　请走到大门后面。

Ребята пошли за реку.　小伙子们走到了河的另一面。

④ под　在……下面。例如：

Надя, положи чемодан под сиденье.　娜佳，把行李箱放到座位下面。

Наташа положила билет под книгу.　娜塔莎把票放到了书的下面。

2. 俄语中除了借助前置词表示方向的意义外，还有直接表示方向的副词。

(1) вверх/наверх　向上，往上。例如：

Поднимитесь вверх на четвертый этаж.　请上到第四层。

(2) вниз　向下，往下。例如：

Парковка на минус втором этаже, можете спуститься вниз на лифте.
停车场在负二层，您可以乘电梯下去。

(3) влево/налево　向左，往左。例如：

Пройдите до конца коридора, затем поверните налево.
一直走到走廊尽头，然后左拐。

(4) вправо/направо　向右，往右。例如：

Повернитесь направо, буфет там.　请往右转，小吃铺在那里。

(5) вперёд　向前，往前。例如：

Пройдите ещё немного вперёд.　请再往前稍微走一点儿。

(6) назад　向后，往后。例如：

Вы уже прошли свой выход на посадку, вернитесь немного назад.
您已经走过了自己的登机口，往回走一点儿。

(7) прямо　一直地，径直地。例如：

Дальше идите прямо, там увидите стойку регистрации.
继续往前走您就会看到值机柜台。

IV. 主要句型（главные речевые структуры）

1. Могу я посмотреть ваш паспорт, пожалуйста?　我能看一下您的护照吗？
2. Какова цель вашего визита в Китай?　您来中国的目的是什么？

3. Как долго вы будете находиться здесь? 您将在这里呆多久？
4. Приятного пребывания в Китае. 祝您中国之行愉快。
5. Скажите, это чей чемодан? 请问，这是谁的箱子？
6. Не могли бы вы поставить свой чемодан на стойку и открыть его?
您能把您的手提箱放在柜台上打开吗？
7. К сожалению, семена запрещены к вывозу. 很遗憾，牧草种子禁止出口。
8. По законам Китая вы не можете вывозить семена растений из страны.
按照中国法律规定您不可以把植物种子带出中国国境。
9. Ваши семена будут конфискованы. 您的种子被没收了。
10. Если у вас есть с собой металлические предметы и сигареты, пожалуйста, положите их в поддон.
如果您身上带着任何金属物品和香烟，请把它们放在托盘里。
11. Проходите через металлодетектор. Пожалуйста, поднимите руки вверх и повернитесь. 请通过安检门，请举起双手，转下身。
12. Пожалуйста, поставьте ваши сумки на транспортёрную ленту, а электронику положите в поддон. 请把您的包放在传送带上，把电子设备放在托盘上。
13. Пожалуйста, выпейте воду или выбросьте ее, никакую жидкость нельзя проносить с собой в зал вылета. 请喝把水喝了或扔掉，不得携带液体进入出发大厅。
14. Пожалуйста, откройте свой багаж. 请打开你的行李。
15. Вы можете пронести не более 100 мл (миллилитров) жидкости.
您携带的液体不得超过 100 毫升。
16. Выверните карманы, снимите пальто и обувь. Пройдите через металлодетектор.
请打开口袋，脱掉外套和鞋子。通过金属探测器。

V. 练习（упражнения）

Упражнение 1 选出对应的汉语翻译

а. Проверка закончена, спасибо за содействие. б. Вы можете забрать свой багаж. в. Отнесите эту квитанцию в офис службы безопасности, чтобы получить свои вещи обратно. г. Есть ли у вас какие-либо предметы, которые необходимо декларировать? д. Вы приехали по делам или на отдых? е. Это все вещи для личного пользования. ё. Пожалуйста, подождите за жёлтой линией. ж. Извините, вход только для персонала.	1. 请在黄线外稍等。 2. 对不起，这是员工通道。 3. 这些都是私人物品。 4. 您到这儿来是为了商务还是消遣？ 5. 您有需要申报的物品吗？ 6. 您可以到国内安检值班室凭单据领取您的东西。 7. 检查完毕，谢谢合作。 8. 您可以拿行李了。

Упражнение 2 用适当语句补充下列对话

1.

А: Почему вы не сдали духи в багаж?

Б: ______(1)______.

А: По правилам, жидкости нельзя проносить с собой в самолёт.

Б: ______(2)______.

А: Я думаю, Вам необходимо оставить их здесь.

Б: Других выходов нет?

А: ______(3)______.

Б: ______(4)______.

2.

А: Ваш паспорт, пожалуйста.

Б: ______(1)______.

А: Как долго вы собираетесь здесь быть?

Б: ______(2)______.

А: ______(3)______?

Б: В отеле «Гринвич» в Пекине.

А: Что вы будете здесь делать?

Б: ______(4)______.

А: Хорошо, можете пройти.

Б: Спасибо.

Упражнение 3 阅读短文，根据短文内容回答问题

Предполётный досмотр

Предполётный досмотр пассажиров позволяет удостовериться в отсутствии у них предметов, запрещённых к перевозке в салоне самолета, и, таким образом, обеспечить безопасность всех и каждого. Прохождение предполётного досмотра обязательно для доступа в зал выходов на посадку и посадки в самолет.

Как проходит предполётный досмотр?

1. Предъявите посадочный талон.

Держите посадочный талон под рукой: вы должны его предъявить сотруднику службы безопасности.

2. Предъявите для досмотра личные вещи.

Положите ваши вещи в специальные поддоны отдельно от ручной клади:

✧ Аксессуары

Ремень, пальто, куртка, головной убор, шарф и т.д.

✧ Жидкости, гели, аэрозоли объемом не более 100 мл

В одном прозрачном закрытом пластиковом пакете.

✧ Электронные приборы

Фотоаппарат, вынутый из чехла портативный компьютер, телефон и т.д.

✧ Металлические предметы

Ключи, мелочь, ремень и т.д.

✧ Любые другие предметы, на которые укажет сотрудник службы безопасности

Обувь и т.д.

3. Пройдите через рамку металлодетектора.

Сотрудники службы безопасности подскажут и помогут. Следуйте их указаниям и пройдите через рамку металлодетектора.

Внимание: в соответствии с действующими правилами сотрудники службы безопасности вправе осуществлять выборочный досмотр, в том числе досмотр багажа и личный досмотр (ощупывание) пассажиров. Предполётный досмотр может занимать значительное время. Чтобы пройти его спокойно, приезжайте в аэропорт заблаговременно.

参考译文：

乘机前安检

乘机前的安全检查有助于确保乘客没有携带违禁物品进入机舱，从而确保每个人的安全。安检是进入出发口和登机大厅的必经之路。

安全检查是如何进行的？

1. 出示您的登机牌。

把您的登机牌拿在手上，您需要向安检人员出示它。

2. 提交您的个人物品供搜查。

将您的物品放在与随身行李分开的特殊托盘中：

✧ 衣服及饰品

腰带、大衣、夹克、帽子、围巾等。

✧ 不超过100毫升的液体、凝胶、气雾剂

装在一个透明的密封塑料袋里。

✧ 电子设备

相机、笔记本电脑、手机等从包里拿出来。

✧ 金属物品

钥匙、零钱、皮带等。

✧ 安全人员指出的任何其他物品

鞋子，等等。

3. 通过金属探测门

保安人员将为您提供建议和帮助。按照他们的指示，通过金属探测门。

请注意：根据现行规定，安检人员可能会对乘客进行随机搜身，包括行李搜查和身体搜查。乘机前的安全检查可能需要花费大量时间，所以请预留足够的时间，提前到达机场。

Вопросы:

1. Зачем нужен досмотр перед полётом?
2. Из каких частей состоит предполётный досмотр?
3. Можно ли проносить жидкости в самолёт?
4. Сотрудники службы безопасности осуществляют только досмотр багажа?

Упражнение 4　结合下面一组图片的内容编写对话

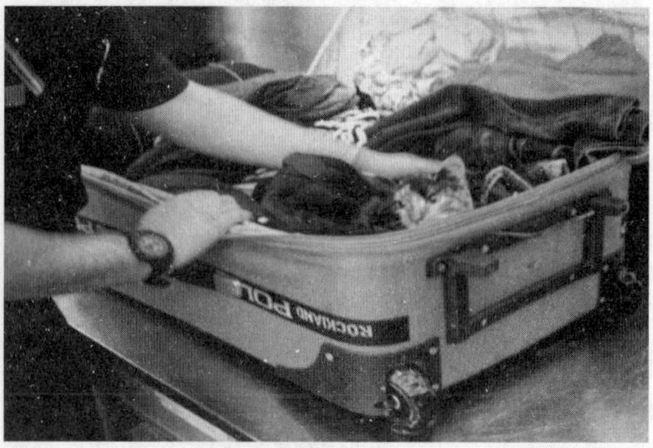

VI. 参考答案（ключи к упражнениям и заданиям）

Упражнение 1

а. Проверка закончена, спасибо за содействие.	1. 检查完毕，谢谢合作。
б. Вы можете забрать свой багаж.	2. 您可以拿行李了。
в. Отнесите эту квитанцию в офис службы безопасности, чтобы получить свои вещи обратно.	3. 您可以到国内安检值班室凭单据领取您的东西。
г. Есть ли у вас какие-либо предметы, которые необходимо декларировать?	4. 您没有什么需要申报的物品吗?
д. Вы приехали по делам или на отдых?	5. 您到这儿来是为了商务还是消遣?
е. Это все вещи для личного пользования.	6. 这些都是私人物品。
ё. Пожалуйста, подождите за жёлтой линией.	7. 请在黄线外稍等。
ж. Извините, вход только для персонала.	8. 对不起，这是员工通道。

Упражнение 2

1. (1) Это запрещено.　(2) Тогда что я должен сделать.
   (3) Вы можете оформить посылку.　(4) Ну ладно, тогда оставлю здесь.
2. (1) Вот он.　(2) Две недели.
   (3) Где вы собираетесь остановиться?　(4) Я в командировке.

Упражнение 3

1. Удостовериться в отсутствии запрещенных к перевозке предметов, обеспечить безопасность всех и каждого.

2. Всего три шага: предъявление посадочного талона, предъявление для досмотра личных вещей, проход через рамку металлодетектора.

3. Можно, если их объем не больше 100 (ста) мл.

4. Сотрудники службы безопасности вправе осуществлять выборочный досмотр, в том числе досмотр багажа и личный досмотр пассажиров.

三、技能实践：情境演练（ситуационные упражнения）

请同学们根据给定情境完成工作情境对话并填写表格。

工作情境一

工作情境主题	在新郑机场安检处，有一名俄罗斯乘客随身携带的包中有瓶矿泉水。你需要告知他，该液体超过民航相关规定，不可以将水带入候车大厅，你跟他沟通后处置水瓶并完成安检。
参与者	
角色分配	
预计完成的工作目标	
情节对话设计（俄语）	
工作情境核心语句（俄语）	
难点或出错语句	
实践分析	1. 是否顺利用俄语处理该项工作？ 2. 工作难点及语言难点是什么？ 3. 如何克服难点？ 4. 如何改善工作及语言能力？ 5. 对自己的强化目标是什么？ 6. 本次工作情境演练成功之处是什么？
实践总结	1. 心得总结 2. 语言总结

工作情境二

工作情境主题	来自乌克兰的德米特里在机场准备乘飞机前往三亚度假，在经过安检通道时，你从他的口袋里发现了指甲刀，并告知他指甲刀属于违禁品，不可以携带登机，处理违禁品并完成安检工作。
参与者	
角色分配	
预计完成的工作目标	
情节对话设计（俄语）	
工作情境核心语句（俄语）	
难点或出错语句	
实践分析	1. 是否顺利用俄语处理该项工作？ 2. 工作难点及语言难点是什么？ 3. 如何克服难点？ 4. 如何改善工作及语言能力？ 5. 对自己的强化目标是什么？ 6. 本次工作情境演练成功之处是什么？
实践总结	1. 心得总结 2. 语言总结

四、技能提升：小组顶岗实习演练（практические упражнения）

请同学们分小组进行俄语演练，选定顶岗实习人员，设计工作情节，完成实习演练并书写实习工作日志。

现在你是一名在郑州新郑国际机场实习的安检人员。今天你遇到了一名打算乘机飞往上海的俄罗斯籍乘客。其随身携带的行李中有超规的液体物品(香水)。按照中华人民共和国民航局“禁止旅客随身携带禁止物品乘坐国内航班”的规定，液体可以办理托运。你向他解释并建议……

小组成员：

售票员：

乘客：

情节设计：

根据情节展开工作，由指导教师指点并评价：

工作日志

时间：

地点：

岗位：

工作过程：

自我评价：

五、拓展学习（дополнительные знания）

机场安检员武戈

普尔科沃机场的安检

机场行李托运规则

思考与讨论：疫情管控工作是否加大了安检人员武戈的工作难度？武戈是如何出色完成工作的？如果你是一名机场安检工作人员，在疫情常态化的工作情况下，你如何提高自己的工作能力与水平？

УРОК 3

登机服务

Посадка на самолёт и сдача багажа

本课学习目标（цель обучения）

1. 知识目标

(1) 学习值机服务、行李托运服务、引导登机服务等流程的基本知识和相关俄语词汇、句型以及表达方法；

(2) 学习换取登机牌、办理行李托运、指引前往登机口等具体场景下的俄语交流用语；

(3) 学习了解民航机场地面服务的定义和内容。

2. 能力目标

(1) 掌握办理值机服务时遇到问题和乘客要求的处理方法及俄语表达技巧；

(2) 能运用俄语介绍民航机场的地勤服务业务并能用俄语进行沟通交流；

(3) 能用俄语办理机场登机、行李托运及其他相关工作。

3. 素质目标

(1) 具备国际化素养和知识技能储备，能适应俄语工作场景下的要求；

(2) 具备良好的行为准则及职业素养，具有自我职业能力更新和提高意识；

(3) 具备良好的俄语表达和沟通能力，具备团队协同精神和意识。

一、情境导入（введение в ситуацию общения）

随着“一带一路”的建设发展，郑州作为新兴的国家中心城市，不仅是全国重要的铁路交通枢纽，其航空枢纽的地位也日渐突出。从郑州出发的国际航班日渐增加。

情境一：小李是中国南方航空公司郑州分公司的一名地勤人员，主要负责为旅客办理登机、托运行李等。这一天，一位俄罗斯乘客讲着俄语向值机柜台走近。

思考：正在办理值机手续的小李会和这位俄罗斯乘客展开什么样的对话？小李在对话中会用到哪些俄语句型？如何与乘客沟通行李超重需要缴费的事情？

情境二：办理完值机手续后，小李和同事去登机口检票招呼乘客登机。遇到过俄罗斯乘客登机牌丢失的情况，也遇到过俄罗斯乘客询问飞机晚点原因的情形。

思考：如果你是小李，你会和丢失登机牌的乘客展开怎样的对话？又如何用俄语准确地向乘客解释飞机晚点的原因？

二、语言知识（лингвистические знания）

I. 情景对话（диалоги-образцы）

1

原文：

У стойки регистрации

Пассажир：Здравствуйте! Регистрация рейса CA8611 здесь проходит?

Персонал：Левая стойка.

Пассажир：Спасибо.

Пассажир：Здравствуйте! Регистрация рейса CA8611 здесь проходит?

Персонал：Да. Ваш паспорт, пожалуйста.

Пассажир：Вот он. Можно мне место у прохода?

Персонал：Мне очень жаль, мест у прохода больше нет. А у окна вас устроит?

Пассажир：Ну, пусть так.

Персонал：Положите багаж на весы. И покажите вашу ручную кладь.

Пассажир：А у меня с тобой только компьютер. Сумки нет.

Персонал：Хорошо. Ваш паспорт и посадочный талон, пожалуйста. Вход на посадку на втором этаже. Счастливого полёта!

Пассажир：Спасибо вам.

参考译文：

在值机柜台

乘客：您好！CA8611 登记手续是在您这办理吗？

工作人员：左边柜台。

乘客：谢谢。

乘客：您好！CA8611 登机手续是在您这办理吗？

工作人员：是的，请出示您的护照。

乘客：　　给。能给我一个靠过道的座位吗？
工作人员：非常遗憾，靠过道的座位没有了，给您找个靠窗的位置可以吗？
乘客：　　那行吧。
工作人员：把您的行李放在秤上，并展示一下您的随身行李。
乘客：　　随身我只有一台电脑，没有包。
工作人员：好的。这是您的护照和登机牌。登机口在二楼。祝您旅途愉快！
乘客：　　谢谢。

2

原文：

Пассажир: Здравствуйте! Скажите, пожалуйста, это правильная стойка для регистрации на этот рейс?

Сотрудник: Здравствуйте! Да, это она. Пожалуйста, положите ваш багаж на весы. У вас перевес. Норма бесплатного провоза багажа составляет 20 килограммов.

Пассажир: О, могу ли я оставить этот маленький чемодан в качестве ручной клади?

Сотрудник: ОК, надеемся будет чуть меньше нормы. А, нет, сморите, всё равно превысил допустимый вес, вам придется оплатить сбор за превышение в размере 50 долларов.

Пассажир: Хорошо, могу ли я оплатить кредитной картой?

Сотрудник: Да, конечно. Вот чек за сбор, ваш билет и посадочный талон.

Пассажир: Большое спасибо!

参考译文：

乘客：您好！请问我这个航班是在这个柜台值机吗？
员工：您好！是的，就是这里。请将您的行李放在秤上，您的行李超重了，免费行李限额为20公斤。
乘客：哦，我可以把这个小箱子当作手提行李吗？
员工：可以，希望重量能比限额少一点。啊不，您看，还是超过了重量限制，您将不得不支付50美元的超重行李费。
乘客：好的，我可以用信用卡支付吗？
员工：当然可以。这是收费的收据，您的机票和登机牌。
乘客：十分感谢！

3

原文：

Сотрудник: Доброе утро. Могу ли я посмотреть ваш посадочный талон?

Пассажир: Вот он.

Сотрудник: Извините. Это ваш паспорт.

Пассажир: А есть ли разница?

Сотрудник: Да. Вообще-то, вы не можете сесть в самолет без посадочного талона.

Пассажир: Ой, я, наверное, потерял его, найти не могу.

Сотрудник: Я сожалею. Я не могу вас пропустить.

Пассажир: Но что мне делать? Когда самолет взлетает?

Сотрудник: Примерно через тридцать минут, поищитс сго там, где вы были.

Пассажир: О, Боже мой! Что мне теперь делать? Дурак, дурак!

Сотрудник: Успокойтесь. Вы мешаете другим пассажирам.

Сообщение по громкой связи: Иванов Павел Павлович, в бюро находок находится посадочный талон на имя Иванова Павла Павловича.

Пассажир: Это про меня?

Сотрудник: Возможно.

Пассажир: О, слава Богу. Спасибо, я сейчас вернусь. (Пассажир убегает, потом, кажется, что-то вспоминает и возвращается.) Уф, простите, где находится бюро находок?

Сотрудник: Это внизу, в вестибюле. Поверните налево у выхода В.

Пассажир: Спасибо, спасибо, еще раз спасибо.

参考译文：

员工： 早上好，我可以看看您的登机牌吗？

乘客： 在这里。

员工： 对不起，这是您的护照。

乘客： 有区别吗？

员工： 是的，事实上没有登机牌不能上飞机。

乘客： 哦，我可能是弄丢了，找不到了。

员工： 对不起，我不能让您登机。

乘客： 我应该怎么办？飞机多久起飞？

员工： 呃，大约三十分钟后，去您到过的地方找找吧。

乘客： 我的天啊！我现在该怎么办？傻子，傻子！

员工： 请冷静下来，您这样影响到了其他乘客。

机场广播：伊万诺夫·帕维尔·帕夫洛维奇先生，在失物招领处有一张伊万诺夫·帕维尔·帕夫洛维奇名字的登机牌。

乘客： 是在说我的吗？

员工： 可能是。

乘客： 哦，谢天谢地！谢谢，我马上回来。（乘客跑开，然后似乎想起了什么，又返回来。）呃，对不起，请问失物招领处在哪里？

工作人员：就在楼下的大厅。在 B 出口处左转。

乘客： 谢谢，谢谢，再次感谢。

4

原文：

У входа на посадку

Пассажир: Скажите, пожалуйста, могу ли я пройти на посадку?

Сотрудник：Вы летите рейсом SU 508 в Екатеринбург?

Пассажир： Да. Что-то случилось?

Сотрудник：Мне очень жаль. Рейс 508 авиакомпании «Аэрофлот» был задержан из-за технических неполадок. Инженеры проводят тщательный осмотр самолета.

Пассажир：Ой, боже. Я с таким ещё не сталкивался.

Сотрудник：Не могли бы вы немного посидеть в зале ожидания?

Пассажир： У меня есть ещё вопросы.

Сотрудник：Пожалуйста, я постараюсь ответить на ваши вопросы.

Пассажир： Как долго мне ждать?

Сотрудник：Это зависит от дефекта и времени, которое требуется техникам.

Пассажир： Но у меня очень важные дела в Екатеринбурге.

Сотрудник：Я понимаю. У каждого пассажира есть дела в пункте назначения. Извините, но я ничем не могу помочь.

Пассажир： Я не шучу. У меня очень важное собрание с крупными клиентами завтра утром. Я не могу позволить себе опоздать на него.

Сотрудник：Я понимаю. Но всё, что я могу сделать, — это заверить вас, что мы решим проблему как можно скорее.

Пассажир： Скажите, пожалуйста, есть ли возможность поменять билет на другой ближайший рейс, вылетающий в Екатеринбург?

Сотрудник：К сожалению, самолёт из Чжэнчжоу в Екатеринбург летает только раз в неделю, вам придётся делать пересадку в Пекине.

Пассажир： Хорошо. Тогда скажите, вылетит ли рейс сегодня?

Сотрудник：Я не уверен, но обычно неполадки в полете устраняются в течение дня. Сейчас 7:00 вечера. Я думаю, что есть большая вероятность того, что он взлетит сегодня.

Пассажир： Тогда я надеюсь на это.

Сотрудник：Спасибо за понимание.

参考译文：

登机口

乘客：请问，我是否可以登机？

员工：您是乘坐 SU 508 航班前往叶卡捷琳堡吗？

乘客：是的，有什么问题吗？

员工：非常抱歉，先生，Aeroflot 508 航班航班因机械故障而延误，工程师正在对飞机进行彻底检查。

乘客：哦，我的天呐，我以前从没遇到过这样的事情。

员工：您介意在等候室坐一会儿吗？

乘客：我还有一些问题。

员工：请问，我将努力回答您的问题。

乘客：需要等多长时间？
员工：这取决于故障类型和技术人员所需花费的时间。
乘客：但我在叶卡徒琳堡有非常重要的业务。
员工：我知道，先生。每位乘客在目的地都有自己的业务，很抱歉无法帮助到您。
乘客：我不是在开玩笑，我明天早上要和大客户开一个非常重要的会议，我不能迟到。
员工：我明白，先生。但我能做的是向您保证，我们将尽快解决这个问题。
乘客：请问，是否有办法改签到最近的一个去叶卡捷琳堡的航班？
员工：很遗憾，郑州到叶卡捷琳堡每周只有这一趟航班，您得在北京中转。
乘客：好吧。那么，请问今天飞机到底能起飞吗？
员工：我不确定，但通常航班故障都是在一天内可以解决的。现在是晚上7点。我认为今天很有可能会起飞。
乘客：希望如此。
员工：谢谢您的理解。

5

原文：

Сообщение по громкой связи：Дамы и господа, прошу внимания: началась регистрация на рейс CA 3077 Чжэнчжоу-Екатеринбург.
Пассажир：Здравуствуйте! Это мой паспорт.
Персонал：Добрый день!
Пассажир：Если это возможно, найдите мне место у прохода в заднем ряду.
Персонал：Хорошо. Багаж есть?
Пассажир：Нет. Сумку я возьму с собой.
Персонал：Ваш паспорт и билет, возьмите, пожалуйста.
Пассажир：Спасибо.
(Через час)
Сообщение по громкой связи：Дамы и господа, прошу внимания: объявляется посадка на рейс CA 3077 Чжэнчжоу-Екатеринбург. Входы посадки: от 15 (пятнадцатого) до 20 (двадцатого).
(Осталось 15 мунут до окончания посадки)
Сообщение по громкой связи：Уважаемые пассажиры! Посадка на рейс CA3077 будет приостановлена на 15 минут. Пассажиров, которые еще не на борту, просят как можно скорее пройти на посадку к выходам под номерами 15-20.
Сообщение по громкой связи：Внимание! Внимание! Иванов Павел Иванович и Антонов Андрей Михайлович, которые вылетают рейсом CA3077, пожалуйста, немедленно пройдите к входу 15 на посадку.

参考译文：

机场广播：女士们，先生们，请注意：郑州飞往叶卡捷琳堡的CA 3077航班开始办理登机手续了。
乘客：您好！这是我的护照。
工作人员：下午好！
乘客：如果可能的话，给我一个后排过道的位置。

工作人员：好的。有行李吗？
乘客：没有。我会带着我的包。
工作人员：请拿着您的护照和机票。
乘客：谢谢。
（1个小时后）
机场广播：女士们，先生们，请注意：从郑州飞往叶卡捷琳堡的CA 3077航班开始登机了，请乘坐该航班的旅客从15至20号登机口登机。
（距离停止登机还有15分钟）
机场广播：尊敬的乘客您好！CA 3077次航班再有15分钟将停止登机，请还没有登机的乘客速到15至20号登机口登机。
机场广播：乘客们请注意！请注意！乘坐CA3077次航班的伊万诺夫·巴维尔·伊万诺维奇先生和安东诺夫·安德烈·米哈尔耶维奇先生，请速到15号登机口登机。

II. 词汇（**новые слова**）

регистрация 注册，登记
удостоверение личности 身份证
посадочный талон 登机牌
паспорт 护照
билет 票
трансферный рейс 转机航班
проход 过道，走廊
электронные устройства 电子设备
ограничение по весу 重量限制
плата за превышение 超额费用
платить/заплатить 支付
выдача багажа 行李提取
багаж 行李
конечный пункт назначения 最终目的地
бирка 标签
номер места 座位号
онлайн-регистрация 在线报到
стойка регистрации 值机柜台
автомат самообслуживания 自助服务机
номер рейса 航班号
терминал 终端机、终端设备
внутренний рейс 国内航班
международный рейс 国际航班
вылет 飞出、起飞
прибытие 抵达
заполнять/заполнить 填写
багажная карусель 行李传送带
досмотр перед вылетом 安全检查
запрещённые предметы 禁止物品
аварийный выход 紧急出口
чемодан 手提箱
пересадочные пассажиры 转机乘客
ручная кладь 手提行李
весы 秤
выход на посадку 登机门
диктор 广播员
шаттлбас 班车，摆渡车
задержка 延迟，延误
отмена 取消
транзитные пассажиры 过境乘客
компенсация 补偿，赔偿
чек 票据
первый класс 头等舱
бизнес класс 商务舱
эконом класс 经济舱
полёт 飞行，航行
место у окна 窗口座位
беспосадочный перелёт 不落地转机
менять место 更换座位
взлёт 起飞
пешеходный мост 旅客桥
тележка 手推车
посадка 登上（车、船、飞机），着陆

III. 重点语法与词汇（ключевая грамматика и лексика）

1. 俄语运动动词的种类：分为定向运动动词和不定向运动动词，两两成对并且相互对应，具有同样的含义，均为未完成体，都无对应的完成体形式，但是在具体使用时有意义上的区分。以下是最常用的 8 对运动动词：

定向运动动词	不定向运动动词	意义
идти	ходить	走，步行
ехать	ездить	乘车
бежать	бегать	跑
лететь	летать	飞
плыть	плавать	游/航行
нести	носить	拿，带
вести	водить	领着，引导
везти	возить	运，再

2. 定向运动动词的用法：

(1) 表示有固定方向的运动。例如：

Лодка плывет к берегу. 小船驶向对岸（有固定确定的方向）。

Мы сейчас идём в школу. 我们正去上学（表示有固定方向的运动）。

(2) 表示在某一固定时间，朝一个方向、经常性的运动。例如：

Каждый день в семь часов утра она едет в школу. 每天早晨 7 点她去学校。

Осенью птицы летят на юг. 秋天鸟儿们飞向南方。

(3) 定向运动动词的将来时，表示将要进行的动作过程。例如：

Когда вы будете идти мимо магазина, купите мне одну ручку.

当您经过商店时，请给我买一支钢笔。

(4) 定向运动动词的过去时，表示过去进行的动作过程。例如：

Вчера , когда я шел на работу, я встретил его. 昨天当我去上班时遇到了他。

(5) не+定向运动动词第二人称命令式，表示建议和命令对方中止已经开始的行为。例如：

Не идите так быстро, мне трудно успеть за вами. 别走那么快，我很难赶上您。

3. 不定向运动动词的意义和用法：

(1) 表示没有一定方向或朝不同方向进行的运动。例如：

Дети бегают и играют во дворе. 孩子们在院子里跑着玩。

Самолёт летает над городом. 飞机在城市上空盘旋。

(2) 表示虽有一定方向，但是往返的或多次重复的运动。例如：

Каждый день я хожу в школу пешком. 每天我都步行去上学。

Летом мы часто бегаем на реку купаться. 夏天我们经常跑去河边洗澡。

(3) 不定向运动动词的现在时可以表示人的能力、动物的本能以及自然界规律等。例如：

Он прекрасно ездит на велосипеде и плавает. 他游泳和骑自行车都非常好。

Птицы летают, рыбы плавают. 鸟会飞，鱼会游。

(4) 不定向运动动词的过去时可表示一次往返的行为。例如：

В прошлое воскресенье я ездил домой. 上周日我回家了。

Вчера мать водила ребёнка к врачу. 昨天母亲领孩子去看医生了。

(5) 不定向运动动词可表示爱好的运动。例如：

Анна любит летать на самолёте. 安娜喜欢坐飞机。

(6) 不定向运动动词否定时可表示从未做过或较长时间未经历过的行为。例如：

Он ни разу не ходил в библиотеку. 他一次也没去过图书馆。

Сергей уже три года не ездил на поезде. 谢尔盖已经三年没坐过火车了。

IV. 主要句型（главные речевые структуры）

1. Дамы и господа, прошу внимания: Началась регистрация на рейс...
   女士们，先生们，请大家注意，我们现在开始办理航班登机。
2. Мне очень жаль, мест у прохода больше нет. А у окна вас устроит?
   非常遗憾，靠过道的座位没有了。能给您找个靠窗的位置吗？
3. Положите багаж на весы. 把您的行李放在秤上。
4. Счастливого пути. 旅途愉快！
5. Скажите, пожалуйста, это правильная стойка для регистрации на этот рейс?
   请问我这个航班是在这个柜台值机吗？
6. У вас перевес. 您的行李超重了。
7. Норма бесплатного провоза багажа составляет 20 килограммов.
   免费行李限额为 20 公斤。
8. Вам придется оплатить сбор за превышение в размере 50 долларов.
   您将不得不支付 50 美元的超重行李费。
9. Ваш паспорт и посадочный талон, пожалуйста. 这是您的护照和登机牌。
10. Доброе утро. Могу ли я посмотреть ваш посадочный талон ?
    早上好，我可以看看您的登机牌吗？
11. Я не могу вас пропустить. 我不能让您通过（登机）。
12. Вы не можете сесть в самолёт без посадочного талона. 没有登机牌不能上飞机。
13. Поверните налево у выхода В. 在 B 出口处左转。
14. Вы летите рейсом SU 508 в Екатеринбург? 您是乘坐 SU 508 航班前往叶卡捷琳堡吗？
15. Рейс 508 авиакомпании «Аэрофрот» был задержан из-за технических неполадок. Инженеры проводят тщательный осмотр самолета.
    Aeroflot 508 航班因机械故障而延误，工程师正在对飞机进行彻底检查。
16. Пожалуйста, я постараюсь ответить на ваши вопросы. 请问，我将努力回答您的问题。
17. Я с таким ещё не сталкивался. 我以前从没有遇到过这样的事情。
18. Мы решим проблему как можно скорее. 我们将尽快解决这个问题。

19. Дамы и господа, прошу внимания: Начинается регистрация на рейс CA 3077 Чжэнчжоу - Екатеринбург.
女士们，先生们，请注意：郑州飞往叶卡捷琳堡的CA 3077航班开始办理登机手续了。

20. Дамы и господа, прошу внимания: Объявляется посадка на рейс CA 3077 Чжэнчжоу-Екатеринбург. Входы посадки: от 15 (пятнадцатого) до 20 (двадцатого).
女士们，先生们，请注意：从郑州飞往叶卡捷琳堡的CA 3077航班开始登机了，请乘坐该航班的旅客从15至20号登机口登机。

21. Уважаемые пассажиры! Посадка на рейс CA3077 будет приостановлена на 15 минут. Пассажиров, которые еще не на борту, просят как можно скорее пройти на посадку к выходам под номерами 15-20.
尊敬的乘客您好！CA 次航班再有15分钟将停止登机，请还没有登机的乘客速到15至20号登机口登机。

22. Внимание! Внимание! Иванов Павел Иванович и Антонов Андрей Михайлович, вылетающие рейсом CA3077, пожалуйста, немедленно пройдите на посадку к входу 15.
乘客们请注意！请注意！乘坐CA 次航班的伊万诺夫·巴维尔·伊万诺维奇先生，安东诺夫·安德烈·米哈尔耶维奇先生，请速到15号登机口登机。

V. 练习（упражнения）

Упражнение 1 选出对应的汉语翻译

а. Вы предпочитаете место у окна или у прохода? б. Мне хотелось бы место у окна. в. У вас есть ручная кладь? г. У вас есть с собой багаж? д. Ваш выход на посадку соседний. е. Поставьте багаж на весы. ё. Объявляется посадка на самолёт. Пожилые люди и пассажиры с детьми могут пройти первыми.	1. 请把您的行李放在秤上。 2. 现在是老年人和儿童的登机时间。 3. 您的登机口在隔壁。 4. 我想要一个靠窗的座位。 5. 您有手提行李吗？ 6. 您更喜欢靠窗还是靠过道的位置？ 7. 您有行李需要托运吗？

Упражнение 2 用适当语句补充下列对话

1. Могу ли я пройти на посадку?

______________________________.

2. Ваш багаж превысил лимит по весу.

______________________________.

3. Мы не допускаем в самолет пассажиров с ножами.

______________(1)______________.

______________(2)______________.

Ну ладно, тогда брать не буду.

4. Когда мы взлетим? Мы ждем уже почти час.

_______________(1)_______________.

Сколько ещё можно ждать? Почему не можем взлететь?

_______________(2)_______________.

5. У меня был рейс с пересадкой, но наш первый самолёт опоздал.

_______________(1)_______________.

SU 203, мы в Циндао летим.

_______________(2)_______________.

Да, большое спасибо!

Упражнение 3 阅读短文，根据短文内容回答问题

Как пройти регистрацию авиакомпании S7

Зарегистрироваться можно тремя способами: онлайн, через фирменные терминалы или за стойкой регистрации. Начнем с самого простого.

Регистрация онлайн

Начинается за 30 часов и заканчивается за 40 минут до вылета самолета. Как только она стартует, вы получите письмо от авиакомпании. Зарегистрироваться можно на сайте или в мобильном приложении S7 Airlines. Процедура бесплатная. Перед тем, как отправиться в аэропорт, распечатайте посадочный талон или сохраните его в смартфоне.

Если вы путешествуете только с ручной кладью, сразу проходите на посадку. Если вы зарегистрировались онлайн и летите с багажом, сдайте его за стойкой регистрации своего рейса или за стойкой для приёма багажа.

В некоторых случаях невозможно зарегистрироваться через интернет. Нужно приехать в аэропорт заранее, если:

1. вы путешествуете с домашним животным или собакой-проводником,
2. вы купили дополнительное место рядом,
3. вы перевозите оружие,
4. во время перелета вы нуждаетесь в кислородном оборудовании.

Регистрация через репринтер

Распечатать посадочный талон можно и в аэропорту, если там есть репринтеры. Это фирменные зеленые терминалы, которые похожи на автоматы для пополнения счёта на телефоне. Они расположены неподалеку от стоек регистрации. Введите на экране репринтера номер телефона, на него придет СМС со ссылкой. Загрузите QR-код из сообщения и поднесите его к считывателю. Терминал распечатает посадочный талон, с ним можно отправиться на оформление следующего этапа.

Регистрация у стойки в аэропорту

Начинается за 2-3 часа до вылета самолёта. Сотрудник авиакомпании проверит ваш паспорт и сверит данные с записями в компьютере. Поставьте багаж на ленту транспортёра. Его взвесят и наклеят багажную бирку. Чемодан полетит на том же самолете, что и вы. Затем сотрудник вернет вам документы, выдаст посадочный талон с наклейкой о багаже.

Если вы летите с пересадкой, сообщите об этом при регистрации. Скорее всего, вам дадут посадочный талон на оба рейса, а багаж отправят сразу в пункт назначения — тогда не придется его забирать и повторно сдавать в промежуточном пункте путешествия.

参考译文：

如何在 S7 航空公司办理登机手续

你可以通过三种方式办理登机手续：在线，通过公司终端机，或在值机柜台办理。让我们从最简单的一个开始。

在线办理登机手续

提前 30 小时开始，结束时间为出发前 40 分钟。在线办理值机手续一旦开始，您会收到航空公司的电子邮件。您可以在网上或通过 S7 Airlines 手机应用程序办理登机手续。该程序是免费的，在前往机场前，打印出您的登机牌或保存在您的智能手机上。

如果只携带随身手提行李旅行，请直接前往登机口。如果您在网上办理了登机手续并随身携带了托运行李，请在航班的值机柜台或行李托运柜台办理手续。

在某些特定的情况下，无法在线办理登机手续，需要提前到达机场，如果：

1. 您带着宠物或导盲犬旅行。
2. 您多买了旁边的座位。
3. 您转运武器器械。
4. 您在飞行中需要氧气设备。

通过终端机办理登机手续

如果机场有终端打印机，可以在机场打印登机牌。S7 公司的终端设备是绿色的，类似于电话充值机，一般位于办理登机手续的服务台附近。在终端机的屏幕上输入您的电话号码，就收到一条带有链接的短信。下载二维码并将其放到扫描口上进行扫描，终端机打印出登机牌，您可以拿着它前往登机口。

在机场服务台办理登机手续

航班起飞前 2～3 小时开始，结束时间为出发前 40 分钟。航空公司的员工会检查您的护照，并将信息与电脑中的记录进行核对。然后把您的行李放在传送带上称重并贴上标签，行李将与您乘坐同一架飞机。然后，工作人员会把你的证件和带有行李贴纸的登机牌交给您。

如果您需要转机，请在办理登机手续时告知工作人员。您有可能收到两个航班的登机牌，您的行李将被直接送至您的最终目的地，这样您就不必在中间经停站取行李重新过安检了。

Вопросы:

1. Какими способами можно пройти регистрацию?
2. В каких случаях нельзя регистрироваться онлайн?
3. Не позже какого времени вы можете пройти регистрацию?
4. Что пассажиры должны иметь при себе для регистрации на репринтере?
5. В чём отличается обычный рейс от рейса с пересадкой?

Упражнение 4 结合下面两幅图的内容分别编写对话

VI. 参考答案（ключи к упражнениям и заданиям）

Упражнение 1

а. Вы предпочитаете место у окна или у прохода?	1. 您更喜欢靠窗还是靠过道的位置？
б. Мне хотелось бы место у окна.	2. 我想要一个靠窗的座位。
в. У вас есть ручная кладь?	3. 您有手提行李吗？
г. У вас есть с собой багаж?	4. 您有行李需要托运吗？
д. Ваш выход на посадку соседний.	5. 您的登机口在隔壁。
е. Поставьте багаж на весы.	6. 请把您的行李放在秤上。
ё. Объявляется посадка на самолёт. Пожилые люди и пассажиры с детьми могут пройти первыми.	7. 现在是老年人和儿童的登机时间。

Упражнение 2

1. Извините, рейс задерживается.
2. Тогда я заплачу сбор за перевес.
3. (1) Что мне делать?
   (2) Вы можете оставить нож здесь или отправить его домой посылкой.
4. (1) Информации пока нет, ожидайте. (2) Сейчас туман сгущается.
5. (1) Скажите ваш рейс и конечное место назначения.
   (2) Минуту, постараюсь Вас переоформить на другой рейс. Ближайший рейс CA 304, через 2 часа летит в Циндао, вас устраивает?

Упражнение 3

1. Онлайн-регистрация, регистрация на репринтере и регистрация у стойки.
2. При полёте с домашним животным или собакой-проводником; при покупке дополнительного мсста рядом; при перевозке оружия; если во время перелета вы нуждаетесь в кислородном оборудовании.
3. Не позже 40 минут до вылета самолёта.
4. Смартфон.
5. Пассажирам с пересадкой, возможно, дадут 2 посадочных талона одновременно и багаж отправят сразу в пункт назначения.

三、技能实践：情境演练（ситуационные упражнения）

请同学们根据给定情境完成工作场景对话并填写表格。

工作情境一

工作情境主题	你是新郑国际机场南航值机柜台的实习生，有白俄罗斯乘客到你所在的柜台，你帮他办理登机手续并托运行李。
参与者	
角色分配	
预计完成的工作目标	
情节对话设计（俄语）	
工作情境核心语句（俄语）	
难点或出错语句	
实践分析	1. 是否顺利用俄语处理该项工作？ 2. 工作难点及语言难点是什么？ 3. 如何克服难点？ 4. 如何改善工作及语言能力？ 5. 对自己的强化目标是什么？ 6. 本次工作情境演练成功之处是什么？
实践总结	1. 心得总结 2. 语言总结

工作情境二

工作情境主题	飞机即将起飞，但是登机口处的同事反馈本次航班上有一名白俄罗斯籍乘客还未登机，需要俄语广播寻找并通知该乘客迅速前往登机口。
参与者	
角色分配	
预计完成的工作目标	
情节对话设计（俄语）	
工作情境核心语句（俄语）	
难点或出错语句	
实践分析	1. 是否顺利用俄语处理该项工作？ 2. 工作难点及语言难点是什么？ 3. 如何克服难点？ 4. 如何改善工作及语言能力？ 5. 对自己的强化目标是什么？ 6. 本次工作情境演练成功之处是什么？
实践总结	1. 心得总结 2. 语言总结

四、技能提升：小组顶岗实习演练（практические упражнения）

请同学们分组进行俄语演练，选定顶岗实习人员，设计工作情节，完成实习工作并书写实习工作日志。

现在你是一名在郑州新郑国际机场南方航空公司值机柜台的实习生。有一位吉尔吉斯斯坦乘客到你所在柜台办理值机手续并托运行李，但是他的行李远远超过机票包含的行李额度，需要缴纳超重行李的托运费用。他认为自己购买的是头等舱，可以免费托运所有行李。你这么处理……
小组成员： 售票员： 乘客： 情节设计： 根据情节展开工作，由指导教师指点并评价：
工作日志 时间： 地点： 岗位： 工作过程： 自我评价：

五、拓展学习（дополнительные знания）

机场员工的真情服务

机场候机须知

思考与讨论：谈谈为什么文中将值机工作人员比喻成“春泥”？“春泥”有什么特性？而这个工作岗位又需要什么样的职业素养和能力呢？

УРОК 4

客舱服务

Обслуживание на борту самолёта

本课学习目标（цель）

1. 知识目标

(1) 了解航空机舱内工作的基本内容；

(2) 学习机舱广播通知、航班起降告知及提供用餐服务的俄语表达方式；

(3) 学习旅客登机查验乘机票据、指引座位的俄语词汇、句型。

2. 能力目标

(1) 具备航空客舱服务的基本岗位技能；

(2) 具备处理航空机舱内各种问题的俄语交流能力；

(3) 具备为旅客用俄语演示、介绍各种安全工具使用方法的能力。

3. 素质目标

(1) 树立用俄语与外籍乘客交流的信心；

(2) 培养学生的主动服务意识，培养学生爱岗敬业的职业精神；

(3) 养成精益求精的职业素养和良好的团队合作精神。

一、情境导入（введение в ситуацию общения）

航空乘务一直都以良好的形象、高质量的服务成为国人心目中的光鲜职业。然而国际航线航程远、服务时间长，旅客们语言不通，信仰不同，在保证安全的前提下，使不同文化背景、来自不同国家的旅客感受到高水准的出行体验，更是对每一名乘务员的考验。

情境一：近年来，新郑机场客货运在全国的排名逐年上升。新郑机场也开通了郑州至莫斯科直达洲际客包机航线。某航空公司郑州公司有机会执飞这条新航线。现在公司为了准备新航线，打算在新员工中开展飞行乘务俄语语音提示录音比赛。获奖者优先执飞国际新航线。

思考：飞行过程中一般有哪些语音提示？这些语音提示用俄语如何准确表达？

情境二：小李在比赛中取得了优异成绩，获得了执飞郑州—莫斯科航线的机会。第一天工作，飞机上就有好多俄罗斯乘客。小李需要提醒这些俄罗斯乘客系好安全带，关闭电子设备，为他们提供餐食，提醒他们飞机抵达。

思考：你知道不知道俄语中使用哪些句型来完成以上表达？

二、语言知识（лингвистические знания）

I. 情景对话（диалоги-образцы）

1

原文：		参考译文：	
Бортпроводник:	Добрый вечер!	乘务员：	晚上好！
Пассажир:	Добрый вечер.	乘客：	晚上好。
Бортпроводник:	Покажите мне, пожалуйста, ваш посадочный талон.	乘务员：	先生，请给我看一下您的登机牌。
Пассажир:	Пожалуйста.	乘客：	给。
Бортпроводник:	Пройдите немного вперёд, ваше место в левом ряду.	乘务员：	向前走，您的座位在左边。
Пассажир:	Спасибо вам!	乘客：	谢谢！
Бортпроводник:	Приятного полёта!	乘务员：	祝您飞行愉快！

2

原文：

Добро пожаловать на борт

Бортпроводник:

Дамы и господа, добро пожаловать на рейс SU1445H Москва-Пекин авиакомпании «Аэрофрот». Московское время — половина восьмого вечера, самолет взлетит через 20 минут.

Пожалуйста, проследите за тем, чтобы все предметы ручной клади находились на верхней полке для багажа, либо были размещены под креслами перед вами. Если у вас возникли проблемы с размещением ваших вещей, сообщите об этом бортпроводнику, мы будем рады помочь вам.

Если вы сидите рядом с аварийным выходом, пожалуйста, ознакомьтесь с инструкцией по безопасности, которая находится в кармане спинки кресла перед вами. Если вы не соответствуете критериям, чтобы сидеть в этом ряду, или вы не хотите помогать в чрезвычайной ситуации, сообщите об этом одному из членов команды экипажа, и мы будем рады пересадить вас на другое место.

Спасибо, что выбрали авиакомпанию «Аэрофрот». Приятного полёта!

参考译文：

欢迎搭乘

空乘人员：

女士们，先生们，欢迎您乘坐 Aeroflot 航空公司 SU1445H 次莫斯科飞往北京的航班。莫斯科时间现在晚上七点半，飞机 20 分钟后起飞。

请确保所有随身携带物品都放在了上层行李架或您前面的座位下方。如果您在存放物品时遇到任何问题，请通知空乘人员，我们很乐意帮您。

如果您坐在紧急出口旁，请参阅您面前座椅靠背口袋中的安全说明。如果您不符合要求或不能在紧急情况下提供帮助，请向机组人员报告，我们乐意为您调换座位。

感谢您选择 Aeroflot 航空公司，祝您飞行愉快！

3

原文：

Стюардесса： Молодой человек, ставить сумки возле аварийного выхода запрещено. Позвольте положить вашу сумку на верхнюю полку для багажа.

Пассажир А： Спасибо, я сам положу. Я только вынул планшет, сейчас уберу сумку наверх.

Стюардесса： Хорошо. Перед взлётом все мобильные телефоны и электронные устройства должны быть отключены.

Пассажир А： Хорошо, сейчас выключу.

Стюардесса： Спасибо за понимание.

Стюардесса： Здравствуйте! Пристегните ремень, пожалуйста.

Пассажир Б： Окей.

参考译文：

空姐： 先生，安全出口禁止放包。我帮您把包放在上面行李舱内。

乘客 A：谢谢，我自己可以。我拿出平板电脑，马上放好。

空姐： 好的。起飞前所有手机和电子设备必须关闭并收好。

乘客 A：好的，我现在关掉它。

空姐： 谢谢合作。

空姐： 您好，请您系好安全带。

乘客 Б：OK。

4

原文：

Бортпроводник：

Уважаемые дамы и господа, пожалуйста, ознакомьтесь с правилами безопасности и аварийно-спасательным оборудованием нашего самолёта. Этот самолёт оборудован десятью аварийными выходами: передние выходы, задние и средние. В случае разгерметизации салона самолёта сохраняйте спокойствие и следуйте инструкциям экипажа. Кислородные маски находятся над вами, в случае разгерметизации они выпадут автоматически. Наденьте маску на рот и нос и потяните за ремешок, чтобы затянуть ее на лице. Обеспечьте маской сначала себя, затем вашего ребёнка. Ваш спасательный жилет находится в центральном подлокотнике или под сидением вашего кресла. В случае аварийной посадки примите одну из рекомендуемых поз бесопасности. Просим вас пристегнуть ремни безопасности. Во время взлёта и посадки спинка вашего кресла должна быть в вертикальным положении. Столик должен быть убранным. С дополнительной информацией вы можете ознакомиться в инструкции по бесопасности, которая находится в кармане спинки сиденья перед вами. Спасибо за внимание!

参考译文：

乘务员：

女士们，先生们，请了解我们飞机的安全规则和应急设备。该飞机设有前、后、中 10 个紧急出口。如果机舱压力下降，请保持冷静并听从机组人员的指示。一旦减压，氧气面罩会自动从您座位的顶部掉下来。将口罩戴在嘴巴和鼻子上，然后拉动带子将其收紧在脸上。给自己戴好面罩后给您的孩子也戴好。您的救生衣位于中央扶手或座椅下方。在紧急着陆的情况下，采取推荐的安全姿势之一。请您系好安全带。在起飞和降落过程中，请收好您的座椅靠背和小桌板。更多信息请参阅您面前座椅靠背口袋中的安全说明。谢谢收听！

5

原文：

Стюардесса： Добрый вечер. Что вы предпочитаете, сок или минеральную воду?

Пассажир： Газированную воду, пожалуйста.

Стюардесса： Простите, сейчас нет газированной. Могу сейчас налить вам воды без газа, а попозже принести газированную воду.

Пассажир： Хорошо. Спасибо!

Стюардесса： Мы для вас на ужин приготовили курицу с рисом по-китайски и говядину с макаронами. Что будете есть?

Пассажир： Курицу с рисом.

Стюардесса： Пожалуйста. Курица с рисом. Вам чай или кофе ?

Пассажир： Чёрный чай, пожалуйста.

Стюардесса： Осторожно, горячо. Приятного аппетита.

参考译文：

空姐：晚上好。您想来点儿果汁还是矿泉水？

乘客：含气的矿泉水吧。

空姐：对不起，现在没有含气的了。可以先给您来杯不含气的，一会儿我再给您送含气的矿泉水好吗？

乘客：好的，当然可以。谢谢！

空姐：我们为您准备了中式鸡肉米饭和牛肉通心粉。您想吃什么？

乘客：鸡肉米饭吧。

空姐：好的，鸡肉和米饭。给您来杯茶还是咖啡？

乘客：红茶吧。

空姐：小心，烫。祝您用餐愉快！

6

原文：

Бортпроводник：Дамы и господа, наш самолёт готов к посадке, пожалуйста, убедитесь, что ремни безопасности застегнуты, спинки сидений приведены в вертикальное положение и столики убраны. Откройте шторы на окнах.

После удачной посадки.

Стюардесса：Уважаемые пассажиры, наш самолёт совершил посадку в международном аэропорту города Пекин. Температура за бортом 25 градусов, время 8 часов утра по пекинскому времени. Командир корабля и экипаж прощаются с вами. Надеемся еще раз увидеть вас на борту нашего самолета. Благодарим вас за выбор нашей авиакомпании. Сейчас будет подан трап. Пожалуйста, оставайтесь на своих местах до полной остановки.

После полной остановки.

Стюардесса：Уважаемые пассажиры, добро пожаловать в Пекин. Не забывайте свои вещи в самолёте. Ещё раз благодарим вас! Желаем вам всего хорошего. (Начинает играть музыка)

参考译文：

乘务员：女士们，先生们，我们的飞机已经准备降落，请确保安全带系好，座椅靠背归位，小桌板收起。请打开窗户上的遮光板。

成功降落后。

空姐：尊敬的乘客，我们的飞机降落在北京国际机场。现在室外温度25度，时间是北京时间早上 8 点。全体机组人员向您道别。我们希望您再次乘坐我们的航班。感谢您选择我们的航空公司。地面客梯车正在准备。飞机滑行期间请您保持坐在原位。

飞机停好后。

空姐：尊敬的乘客朋友，欢迎来到北京。请您带好随身物品。再次感谢！祝您一切顺利。（音乐开始播放）

II. 词汇（новые слова）

Молодой человек/мужчина　先生

показать　展示，把……给……看，出示，介绍

посадочный талон　登机牌

налево　左边，向左

борт　舱（飞机，船舶）

от[前][接二格] 从，自，由；离，距（指出离开的场所或计算距离的起点）
до[前][接二格] 到，至，距（表示空间和时间距离的长短）
авиакомпания 航空公司
самолёт 飞机
взлететь （鸟、飞机、枪弹等）飞起；（烟雾、灰尘等）腾起，升起
проследить 跟，跟随，随，随后，从，从，遵循，跟随
верхний 上层的，上流的
полка для багажа 隔舱，隔间，飞机机舱内座位上方行李舱
под 从下向上，从下面，在……之下，在下面
сиденье, кресло 座椅；座位；座
если 假如，如果
возникать[未完成体]，[完]возникнуть 产生，出现，发生；
сообщить о чём 通知；报告，报道；通报，宣布
бортпроводник （飞机）乘务人员
рядом 并排着，并列着；在旁边；在一起
аварийный 抢险用的，危险的，遇险的（航空）应急的，备用的
ознакомиться с чем 熟悉，得知，了解
информация 信息，情报，消息，报道，通报
инструкция по безопасности 地图，表，卡片，图标
безопасность 安全，安全性
карман 口袋
спинка 后背，背部，后片，靠背
кресло 圈椅，沙发椅，安乐椅，（航空）座椅
соответствовать（чему 或 с чем） 适合于，符合于，合乎，相合；与……相符合
критерий 标准，准则，（航空）准则
чрезвычайный 非常的，强烈的，特别的，紧急的，特命的，特派的，（航空）特别的
ситуация 形势，局势，情况，情势
член 成员，会员，委员
команда 口令，指令，命令，号令，指挥
экипаж 机组，机组人员
пересадить 使换坐位，使挪坐到；使改乘，使换乘
другой 不同的，别的，另外的，其他的，其次的
выбрать 选择，选出
наслаждаться 享受，欣赏
полёт 飞行
стюардесса 空姐
сумка 书包，包
разрешить 准许，许可，允许；批准
позволить 允许，许可，准许；让
разместить 分别安置到，分别安插到；布置好，陈列好，摆开，摆好
сам[常依附于名词或代词，阳性] 自已、本人、本身
вынуть 拿出，取出；抽出；提出，掏出
планшет 平板电脑
взлёт （飞机）起飞
электронный 电子的
устройство 设备
выключить 关闭，掐断，遮断
уложить 放好，收拾好
пристегнуть 扣在……上，扣住
ремень 皮带，皮条，（航空）安全带
правила 规则，规程，定则，定理，惯例，常例
аварийно-спасательный 紧急求救的
оборудование 设备
снижение 下降，降低，减低，引下线，减少
давление 压力
разгерметизация 解除密封
салон （飞机）客舱，沙龙，接待室
сохранять 保存；保全；保护，储存
спокойствие 安静，安宁，宁谧；秩序
инструкция 指示，细则，说明书

сверху 从高处，从上面
кислородная маска 氧气罩
надеть 穿上，戴上，套上
рот 嘴
нос 鼻子
потянуть 拉（拽、扯、抻）紧；伸手拉
затянуть 拉紧，系紧，束紧，捆紧
лицо 脸，脸庞
сначала 首先，起先
спасательный жилет 救生衣
посадка （飞机）降落
рекомендуемый 建议的，提倡的
поза 姿势，位置
ремень безопасности 安全带
вертикальный 竖直的
дополнительный 额外的，补充的
внимание 注意力，精力
предпочитать 认为……比……好；宁愿，宁肯，更倾向，更喜欢
минеральная вода 矿泉水
газированная вода 含气的水
макароны 通心粉
горячо 热，烫[副词]
убедиться 确认，确信，信服
застегнуть 扣上，扣住，扣紧
совершить 完成，结束
международный 国际的
аэропорт 机场
прощаться 告别，告辞
надеяться 希望，盼望，期待；指望
благодарить 致谢，感谢
трап 客梯车
полный 满满的，完全的

III. 重点语法与词汇（ключевая грамматика и лексика）

1. 表示方位的词：

东 восток	西 запад	南 юг	北 север	上 верх	下 низ	左 лево	右 право
向东 на восток	向西 на запад	向南 на юг	向北 на север	向上 наверх	向下 вниз	向左 налево	向右 направо
在东面(边) на востоке	在西面(边) на западе	在南面(边) на юге	在北面(边) на севере	在上面(边) наверху	在下面(边) внизу	在左面(边) слева	在右面(边) справа

2. от...до... 到，至，距（表示空间距离的长短）。例如：
От Харбина до Шанхая. 由哈尔滨到上海。 От Пушкина до Горького. 从普希金到高尔基。
От столовой до библиотеки недалеко. 食堂离图书馆不远。
От пятой до восьмой главы включительно. 从第五章到第八章。（包括第八章在内）
3. с...до... 到，至，距（表示时间距离的长短）。例如：
с января до июля 从一月至七月 с утра до вечера 从早到晚
4. разрешить кому что делать 允许某人做某事。разрешить [完] / разрешать [未]
разрешить, разрешу, разрешишь, разрешит, разрешим, разрешите, разрешат
Доктор разрешил ему гулять. 大夫允许他散步。
Прошу разрешить мне взять отпуск на неделю. 请批准我一周假。
разрешить выписаться из больницы 允许出院
разрешено 是 разрешить 的被动形动词短尾。

5. позволить кому что делать 允许某人做某事。позволить [完] /позволять [未]

позволить позволю, позволишь, позволит, позволим, позволите, позволят

если позволят обстоятельства... 如果情况允许的话

Я позволил ему отлучиться на один день. 我允许他离开一天。

Я никому не позволю над собой насмехаться. 我不许任何人嘲笑我。

6. который 引导的定语从句：

在带限定从句的主从复合句中，从句用以说明、限定主句中的某个名词或用作名词的词，指出其性质和特征。который 是定语从句中最常见的关联词，既可以用于书面语体，也可以用在口语之中。который 有性、数、格的变化，其性、数与主句中被说明的词一致，格则取决于它在从句中所起的句法作用。如果关联词是句中主语，就用第一格，如果是其他成分，则使用带或者不带前置词的相应格形式。例如：

Я видел мальчика, который учился в средней школе.

Я видел мальчика, к которому мы ходили вчера.

Давайте познакомимся с этими студентами, которые приехали из Москвы.

IV. 主要句型（главные речевые структуры）

1. Добрый вечер! 晚上好！
2. Спасибо Вам! 谢谢您！
3. Приятного Вам полёта! 祝您飞行愉快！
4. Добро пожаловать! 欢迎光临！
5. Добро пожаловать в Пекин. 欢迎来到北京。
6. Дамы и господа, добро пожаловать на борт самолёта SU1445H, следующего по маршруту Москва - Пекин авиакомпании «Аэрофрот».
   女士们先生们，欢迎乘坐 Aeroflot 航空公司 SU1445H 次航班。
7. Спасибо за содействие. 谢谢配合。
8. Спасибо за внимание! 谢谢聆听！
9. Приятного Вам аппетита. 祝您用餐愉快！（祝您好胃口！）
10. Желаю вам всего хорошего. 祝您一切顺利。
11. Если у вас возникли проблемы, сообщите нам об этом. 如果您有问题，请告诉我们。
12. Спасибо, что выбрали авиакомпанию «Аэрофрот». 感谢您选择 Aeroflot 航空公司。
13. Приятного полёта! 享受您的旅行吧！（飞行愉快！）
14. Пристегните ремень, пожалуйста. 请扣好安全带。
15. Что вы предпочитаете, сок или минеральную воду? 果汁和矿泉水，您想要哪个？
16. Вам чай или кофе? 您需要茶还是咖啡？
17. Надеемся еще раз увидеть вас на борту нашего самолета. 希望您再次乘坐我们的航班。
18. Благодарим вас за выбор нашей авиакомпании. 感谢您选择我们航空公司。
19. Не забывайте свои вещи в самолёте. 不要把东西忘在飞机上。

V. 练习（упражнения）

Упражнение 1 根据图片情境选择合适的句子

1

2

3

4

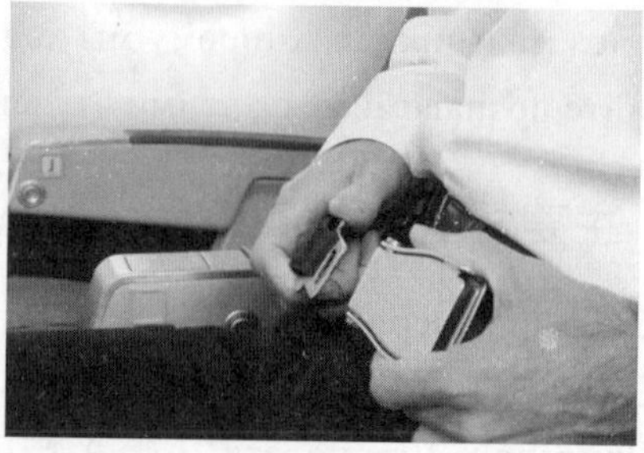

5

Приятного Вам аппетита.

Спасибо за внимание!

Вам чай или кофе ?

Ремень должен быть застегнут во время полёта.

Пожалуйста, проследите за тем, чтобы все предметы ручной клади находились на верхней полке для багажа.

Упражнение 2 根据图片内容编写对话，并展示。

Упражнение 3 仿照示例完成练习

Пример: Я прочитал эту книгу. Я взял эту книгу из библиотеки.
= Я прочитал книгу, которую я взял из библиотеки.

1. Я люблю свою страну. История нашей страны насчитывает более 5000 лет.
2. Мы учим русский язык. Русский язык считается одним из самых трудных языков в мире.
3. На экзамене мой друг получил билет. В билете очень сложные вопросы.
4. Я знаю эту девушку. Эта девушка раньше работала в нашем университете.
5. Откройте книгу на странице 210. На странице 210 есть сведения по грамматике.

Упражнение 4 仿照示例完成练习

Пример: В городе Чжэнчжоу открылся новый торговый центр, в котором много ресторанов.
= В городе Чжэнчжоу открылся новый торговый центр.
В торговом центре много ресторанов.

1. Я посетил зоопарк, который находится на севере города.
2. Ознакомьтесь с этими правилами, которые являются необходимыми в работе.
3. Я сейчас живу в новом доме, который я купил 3 года назад.
4. Мы переехали в новый корпус, который находится далеко от старого.
5. У нас работает много иностранных преподавателей, которые приехали из разных стран.

VI. 参考答案（ключи к упражнениям и заданиям）

Упражнение 1

1. Спасибо за внимание!
2. Вам чай или кофе ?
3. Приятного Вам аппетита.
4. Пожалуйста, проследите за тем, чтобы все предметы ручной клади находились на верхней полке для багажа.
5. Ремень должен быть застегнут во время полёта.

Упражнение 3

1. Я люблю свою страну, история которой насчитывает более 5000 лет.
2. Мы учим русский язык, который считается одним из самых трудных языков в мире.
3. На экзамене мой друг получил билет, в котором очень сложные вопросы.
4. Я знаю эту девушку, которая раньше работала в нашем университете.
5. Откройте книгу на странице 210, на которой есть сведения по грамматике.

Упражнение 4

1. Я посетил зоопарк. Зоопарк находится на севере города.
2. Ознакомьтесь с этими правилами. Эти правила являются необходимыми в работе.
3. Я сейчас живу в новом доме. Я купил этот дом 3 года назад.
4. Мы переехали в новый корпус. Новый корпус находится далеко от старого.
5. У нас работает много иностранных преподавателей. Наши иностранные преподаватели приехали из разных стран.

三、技能实践：情境演练（ситуационные упражнения）

请同学们根据给定情境完成工作情境对话并填写表格。

工作情境一

工作情境主题	飞机即将起飞，你需要检查乘客行李是否安置稳妥、安全带是否扣好，并播报安全须知。
参与者	
角色分配	
预计完成的工作目标	
情节对话设计（俄语）	
工作情境核心语句（俄语）	
难点或出错语句	
实践分析	1. 是否顺利用俄语处理该项工作？ 2. 工作难点及语言难点是什么？ 3. 如何克服难点？ 4. 如何改善工作及语言能力？ 5. 对自己的强化目标是什么？ 6. 本次工作情境演练成功之处是什么？
实践总结	1. 心得总结 2. 语言总结

工作情境二

工作情境主题	飞机即将着陆，用俄语广播飞机降落注意事项。
参与者	
角色分配	
预计完成的工作目标	
情节对话设计（俄语）	
工作情境核心语句（俄语）	
难点或出错语句	
实践分析	1. 是否顺利用俄语处理该项工作？ 2. 工作难点及语言难点是什么？ 3. 如何克服难点？ 4. 如何改善工作及语言能力？ 5. 对自己的强化目标是什么？ 6. 本次工作情境演练成功之处是什么？
实践总结	1. 心得总结 2. 语言总结

四、技能提升：小组顶岗实习演练（практические упражнения）

请同学们分小组进行俄语演练，选定顶岗实习人员，设计工作情节，完成实习演练并书写实习工作日志。

现在你是一名海南航空公司郑州飞往莫斯科航班上的一名机组人员。你已经接受培训三个月了，今天你将首次登上飞机，在老乘务人员带领下完成本次航班执飞任务。飞机上有中国乘客，也有俄罗斯乘客，你用双语完成乘务工作……
小组成员： 售票员： 乘客： 情节设计： 根据情节展开工作，由指导教师指点并评价：
工作日志 时间： 地点： 岗位： 工作过程： 自我评价：

五、拓展学习（дополнительные знания）

不平凡的航空乘务员

中俄航线及俄罗斯航空公司简介

思考与讨论：乌鲁木齐航空乘务员吕梦然是如何发挥疫情防控先锋模范作用的？你能否胜任这样的服务岗位？你认为空乘服务最重要的品质和能力是什么？

УРОК 5

应急服务

Чрезвычайные ситуации в самолёте

本课学习目标（цель обучения）

1. 知识目标

(1) 了解民用航空突发事件的基本概念和应急处置措施；

(2) 学习涉及航空客运突发事件的俄语专业词汇和常用句式；

(3) 学习特定场景下合理的语言沟通技巧。

2. 能力目标

(1) 能用俄语进行特殊乘务服务的基本对话；

(2) 能用俄语进行机舱急救处理的基本对话；

(3) 具备在故障晚点、航行气流颠簸、乘客突发不适、旅客违规乘机等问题下的语言沟通能力。

3. 素质目标

(1) 培养学生逻辑思维，树立讲文明有礼貌的意识习惯；

(2) 培养跨文化思维的思考能力和创新意识，学会利用已有的知识和生活经历来解决实际问题；

(3) 培养学生的团队协作能力和沟通交流的能力。

一、情境导入（введение в ситуацию общения）

随着人民生活水平的提高，飞机以速度快、时间短成为人们出行的选择。但飞机易受天气等突发状况的影响而耽误行程。飞机飞行过程中也难免会遇到一些突发情况需要紧急处理。安全是民航的生命线，任何情况下，机组人员都要把飞行安全放在首位，掌握可靠的业务知识和应急技巧，迅速果断地对突发事件做出判断，从而筑牢安全飞行的底线。

情境一：为推进“空中丝路”建设，河南民航发展投资有限公司与世界航空培训领域首屈一指的立陶宛阿维亚解决方案集团波罗的海飞行培训学院（BAA），联合成立模拟机飞行训练机构——BAA（中国）航空培训中心，合力打造集飞行员培训、乘务培训、航空体验、综合康养等为一体的专业飞行训练基地，致力于打造立足郑州、辐射全球的机长培训“摇篮”。随着位于郑州航空港区的BAA（中国）航空培训中心正式投入运营，成为“空中丝路”建设人才蓄能池，也吸引着越来越多的外国飞行员前来学习。

年轻的俄罗斯飞行员伊万和中国空乘李莎来到郑州BAA（中国）航空培训中心进行学习，他们在这里接受了高水平的训练，最终获得了国际飞行资格认证。某一日，空乘人员李莎执飞郑州—新西伯利亚的航班，飞机起飞后不久，机内一位俄罗斯孕妇突发不适。

思考：如果你是李莎，你该如何处理当前情况？如何用俄语表达？

情境二：小王是郑州新郑国际机场的工作人员，由于暴雨航班无法按时起飞，他需要向机场等候的乘客进行广播通知。

思考：在进行广播通知的时候会用到哪些俄语句型？如何表达？

二、语言知识（лингвистические знания）

I. 情景对话（диалоги-образцы）

1

原文：

Во время задержки вылета в аэропорту

Уважаемые пассажиры, прошу внимания. Говорит командир корабля Ван Либо. Вылет нашего самолёта из аэропорта задерживается по метеоусловиям. Просим вас оставаться на своих местах, не расстёгивайте ремни безопасности, пожалуйста. Приносим вам свои извинения за доставленные неудобства. Спасибо за понимание!

Для замены:

—по метеоусловиям аэропорта прибытия / на маршруте;

—по причинам, которые связаны с подготовкой самолёта к рейсу;

—в связи с ожиданием группы транзитных пассажиров;

—в связи с загрузкой багажа и груза.

参考译文：

航班延误在机场期间

亲爱的乘客请注意，我是机长王立波。由于出发机场的天气情况造成起飞延误，请您坐在座位上并系好安全带，给您带来的不便我们深表歉意。谢谢理解！

替换： 由于到达机场/途中的天气情况；由于起飞准备工作未完成；由于等待过境乘客；由于装载行李和货物。

2

原文：

В салоне самолёта

Пассажир: Помогите! Помогите! Человеку плохо. Она беременна.

(Стюардесса быстро подошла)

Стюардесса: Девушка, как вы себя чувствуете? Говорить можете?

Пассажир: Она не может говорить.

Стюардесса: Есть в самолёте врачи? Есть в самолёте врачи? Пожалуйста, нужна помощь.

Громкая связь: Уважаемые дамы и господа, просим пассажиров-врачей немедленно подойти к передней части салона. Просим пассажиров- врачей немедленно подойти к передней части салона. Спасибо за внимание!

(Пассажир-врач подошёл к беременной женщине и проверил её состояние)

Пассажир-врач: Ей необходим кислород. У вас есть аптечка?

Стюардесса: Да, да, есть, сейчас.

Пассажир-врач: Судя по её состоянию, ей нужно немедленно ехать в больницу.

Стюардесса: Я сейчас доложу командиру.

Громкая связь: Дамы и господа! В связи с тем, что одному из пассажиров на борту требуется медицинская помощь, мы совершим посадку в ближайшем аэропорту Юньган города Датун. Наземные службы аэропорта Юньган города Датун окажут вам необходимую помощь и содействие. Приносим вам свои извинения за доставленные неудобства. Благодарим за внимание.

参考译文：

在飞机客舱

乘客： 快来人啊！来人啊！这儿有人感觉不适。她是个孕妇。

（空姐迅速走近）

空姐： 女士，您感觉怎么样？可以讲话吗？

乘客： 她讲不了话了。

空姐： 飞机上有医生吗？飞机上有医生吗？需要帮助。

飞机广播：尊敬的女士们，先生们，是医务工作者的乘客请立即来机舱前面，是医务工作者的乘客请立即来机舱前面，谢谢！

（医生乘客向孕妇走过来并检查情况）

医生乘客：她需要氧气。飞机上有急救箱吗？

空姐： 有，有，马上。

医生乘客：根据她的情况，还是马上去医院比较好。

空姐： 我现在就向机长汇报。

飞机广播：女士们，先生们！由于机上一名乘客需要医疗救助，我们将降落在最近的大同市云冈机场。大同市云冈机场地勤服务将为您提供协助。我们对此造成的不便表示歉意。感谢您的关心。

3

原文：

Громкая связь： Уважаемые пассажиры, наш самолёт попал в зону турбулентности. Пожалуйста, сядьте на свое места и пристегните ремени безопасности. Туалет временно не будет работать, спасибо за понимание.

参考译文：

飞机广播：尊敬的乘客，我们的飞机因为受到航路气流的影响，将会有明显的颠簸。请您坐在座位上，系好安全带。洗手间将暂停使用，谢谢您的配合。

4

原文：

Громкая связь： Дамы и господа, посадка нашего самолёта произойдёт через 20 минут. Пожалуйста, убедитесь, что ремни безопасности застегнуты, спинки сидений приведены в вертикальное положение, столики убраны. Откройте шторы на окнах. Спасибо за содействие.

Стюардесса： Молодой человек, самолёт снижается. Уберите столик, пожалуйста.

Пассажир： Хорошо, уберу.

Стюардесса： Девушка, во время полёта курить запрещено.

Девушка： У меня же электронная сигарета.

Стюардесса： Курить электронные сигареты тоже запрещено. От неё тоже будет дым, из-за которого сработает пожарная сигнализация. Это опасно и вредно для здоровья окружающих.

Девушка： Вы не сообщили об этом заранее.

Стюардесса： Девушка, мы сообщили об этом по громкой связи перед полётом.

Девушка： Ну вот, посмотрите, пожарная сигнализация не сработала, у моей электронной сигареты вообще нет дыма!

Полицейский： Девушка, после посадки пройдите со мной, пожалуйста.

参考译文：

飞机广播：女士们，先生们，我们的飞机将在 20 分钟后降落。请确保系好安全带、收回座椅靠背和小桌板，打开窗户上的遮光板。谢谢您的合作。

空姐： 先生，飞机将要降落。请收好小桌板。

乘客： 好的。

空姐： 姑娘，飞行过程中禁止吸烟。

女孩： 我的是电子烟。

空姐： 电子烟也是被禁止的。电子烟也会产生烟雾，这会触发烟雾警报。这很危险，对他人也有害。

女孩： 你们没有提前告诉我这件事啊。

空姐： 姑娘，我们在起飞时就广播过了。

女孩： 嗯，你看，烟雾报警器没响啊，我的电子烟根本没有烟雾！

警察： 姑娘，降落后请跟我走一趟。

5

原文：

Громкая связь в аэропорту: Уважаемые пассажиры, прошу внимания. Из-за ливня самолёт рейса HU7976 не может вылететь по расписанию. Предполагаемое время отправления самолёта – через 2 часа. Приносим вам свои извинения за доставленные неудобства. Спасибо за внимание!

(прошло 2 часа)

Пассажир: Что случилось? Вы же сказали, что самолёт взлетит через 2 часа. Ну что, вылет всё ещё задерживается?

Работник: Извините. Мы тоже ждём указаний.

Громкая связь в аэропорту: Уважаемые пассажиры, из-за ливня рейс HU7976 временно отменён. Приносим вам свои извинения за причинённые неудобства. Сотрудники Китайской Южной Авиакомпании окажут вам необходимую помощь и содействие.

Пассажир: Значит, мы не знаем, когда будет взлет?

Работник: Простите. Рейс отменён из-за погодных условий. Мы отвезём вас в отель, где вы сможете отдохнуть. Как только мы получим дополнительную информацию, мы вам сообщим.

Пассажир: Ну, понятно.

参考译文：

机场广播： 尊敬的乘客请注意！由于暴雨天气，HU7976 航班无法按时起飞。预计起飞时间为 2 小时后。我们对此给您带来的不便深表歉意。谢谢！

（2 小时后）

乘客： 发生什么事了？不是说飞机 2 小时后起飞么，还要延后吗？

员工： 对不起，先生。我们也在等待指令。

机场广播： 尊敬的旅客，由于暴雨天气，HU7976 航班暂时取消。我们对此给您带来的不便深表歉意。南航工作人员将为您提供必要的帮助。

乘客： 那意思就是起飞时间待定呗？

工人： 抱歉，先生。由于天气原因，航班被取消，起飞时间待定。我们送您到酒店休息。一旦收到进一步通知，我们会通知您。

乘客： 嗯，明白了。

6

原文:

Командир: Дамы и господа! Говорит командир корабля. В хвостовой части самолёта распространяется дым из-за пожара. Мы принимаем все необходимые меры для обеспечения безопасности во время полёта и будем постоянно информировать вас. Сохраняйте спокойствие. Для защиты от дыма плотно прижмите любую ткань или салфетку с подголовника к носу и рту и наклонитесь вперёд как можно ниже.

Громкая связь: Дамы и господа! Говорит командир корабля. По техническим причинам мы вынуждены совершить аварийную посадку на сушу. Посадка произойдёт через 15 минут. Спасательные службы аэропорта проинформированы. На борту нашего самолёта имеется необходимое аварийно-спасательное оборудование. Мы приняли все необходимые меры предосторожности. Экипаж и бортпроводники подготовлены к действиям в аварийных ситуациях. Пожалуйста, доверьтесь нам и сохраняйте спокойствие.

Стюардесса: Проверьте ещё раз, что ваши ремни застегнуты.

Стюардесса Лиша: Дамы и госпола! Сохраняйте спокойствие и следуйте нашим указаниям. Спа сательный жилет находится под сиденьем, пожалуйста, наденьте его. Идите по светящимся стрелкам на полу. Двигайтесь вперед. Сохраняйте спокойствие, мы поможем всем и будем с вами.

Для замены:

—вернуться в аэрпорт ... (название аэрпорта)

—совершить аварийную посадку на воду;

—вернуться на место стоянки

参考译文:

机长: 女士们，先生们！我是机长伊万。火灾产生的烟雾正在飞机尾部蔓延。我们采取一切必要措施确保飞行安全，并将不断为您提供最新信息。请大家保持镇静。为了防止烟雾，请将头枕上的任何布或布巾牢牢地压在鼻子和嘴巴上，并尽可能俯身向前倾。

飞机广播: 女士们，先生们！我是机长。由于技术原因，我们将在15分钟后被迫紧急降落。已通知机场救援服务。我们在机上备有必要的应急设备。我们已经采取了所有必要的预防措施。机组人员和乘务员已准备好应对紧急情况。请大家相信我们，保持冷静。

空姐: 请再次检查一下您的安全带是否系好。

空姐李莎: 女士们，先生们！ 请保持冷静，按照我们说的来做。救生衣在座位下面，请穿上。跟随地面上发光箭头的指示向前移动。保持冷静，我们会帮助每个人，和大家在一起。

替换: 返回××机场；紧急降落在水面上；返回停机坪。

7

原文：

Громкая связь: Дамы и господа! Мы получили сообщение о том, что в самолёте, возможно, находится взрывное устройство. Чтобы удостовериться в нашей безопасности, необходимо проверить самолёт. Просим вас сохранять спокойствие и оказать содействие. Обратите особое внимание на наличие посторонних предметов рядом с вами. При обнаружении постороннего предмета, не трогая его, сообщите бортпроводникам.

参考译文：

飞机广播：女士们，先生们！我们收到一条消息称，飞机上可能有爆炸装置。为了确保我们的安全，需要采取预防措施并检查飞机。我们请您保持冷静并提供帮助。请特别留意您身边的任何异物。如果发现有异物，请不要触碰，请马上通知我们空乘人员。

II. 词汇（новые слова）

задержка 停滞，延迟
вылет 出动，飞出，起飞
командир 指挥员，指挥官，机长
корабль 飞船，海船，飞机
задерживаться 停留，耽搁，拖延，耽误
по 因为，由于
метеоусловие 天气条件；气象条件；气象情况
отправление 发送，发运，派遣，邮寄，离开，出发
оставаться 留下，停留，依然是，仍旧是，保存下来，还是
приносить 带来，拿来，送来
извинение[名词] 道歉，原谅
неудобство 不舒适，不方便，难堪，窘迫
понимание[名词] 理解，了解，明白；谅解
прибытие[名词] 来到，到达
маршрут 航线，路线，航路，直达列车，直达货运列车
на маршруте 在途中
причина 原因，缘故；理由，根据
связать 把……连结起来；把……连结成
подготовка[名词] 准备，预备，训练，培养
рейс 航班，班次，航程，航线，行程
в связи с[用作前][五格] 由于；因为；鉴于
ожидание[名词] 等待，期待
транзитный 经过的，过境的，中转的，转运的，过境运输的
загрузка 装载；负荷；负载
груз 重量；重物
быстро 快地；快速地
подойти 走近，走到跟前；开近
помощь 救助，援助，帮助，支援
громкая связь 音响；音频；声象
немедленно 迅速；立即地；就；即刻地
передней 前边的，前面的，前部的；正面的
часть （整体的）部分
салон 客舱，沙龙，接待室
беременная 妊娠的，怀孕的
пассажир-врач 职业是医生的乘客
необходимо 必须，必要，一定要
кислород 氧，氧气
аптечка 急救箱
доложить 报告，呈报，汇报
совершить 完成；实现
посадка 着陆
ближайший 最近的，附近的

наземные службы 地勤服务
оказать 予以，给以
необходимый 必要的，必需的，必不可少的
содействие[名词] 协助，帮助，促进，支持
заметный 看得出来的，可以察觉的，明显的，显著的
турбулентность 大气中的乱流，涡流
из-за 由于，因为，为
влияние 影响；作用
воздушный 空气的，大气的；空中的
поток 水流，气流，人流，流量
сиденье 座椅；座位；座
использоваться （被）使用，（被）利用，得到利用
сотрудничество 合作，协作，协助
произойти[不用第一、二人称] 发生，产生
убедиться 确认，确信，信服
электронная сигарета 电子烟
дым 烟，烟雾
сработать 开始工作
пожарная сигнализация 烟雾信号，烟雾报警器
опасно 危险地
вредно 有害地，无利处地
сообщить 通知；报告，报道；通报，宣布
ливень 大雨的，暴雨的，阵雨的
выполнить 履行，执行，完成，实现
вовремя[副词] 按时，及时
предполагаемый, ожидаемый 计算的，估算的，预计的
опаздывать 迟到，耽误，误期
временно[副词] 暂时；一时半刻；一时；权且；临时地
отменён 停止；取消；废除
дополнительный 附加的，配属的，补充的，额外的
информация 报道，通报；情报，信息
понятно 明白
вынуждены[вынудить 的被动性动词短尾] 被迫，不得以
вернуться 回来，返回，归来
стоянка （航空）停机坪
спасательные службы 救援服务
проинформированы[проинформировать 的被动性动词短尾] 被通知，被告知
иметься[第一、二人称不用] 有，存在
аварийно-спасательный 紧急救援的，应急救援的
предосторожность[名词] 预防，防备，预防办法
ситуация 形势，局势，情况，情势
аварийный 应急的，备用的，事故的
сообщение 报道，消息；通知，通告，公告
взрывное устройство 爆炸装置
удостовериться[完] в чём （得到）证实，查明属实；确信，不再怀疑
наличие 存在；具备；现有
посторонних 外人的，旁人的，不相干的
обнаружение[名词] 发现，查出，探测，检测，截获
трогать 摸，动，触，触动

III. 重点语法与词汇（ключевая грамматика и лексика）

1. оказать кому-то необходимую помощь и содействие 给某人提供必要的帮助

   оказать 给予 окажу, окажешь, окажет, окажем, окажете, окажут

   оказать кому-то внимание 给予某人关心 оказать доверие 予以信任

   оказать влияние на что-то 对……产生影响 оказать поддержку 给予支持

   Все сотрудники аэропорта окажут вам необходимую помощь и содействие.

   所有机场工作人员将给您提供必要的帮助。

2. в связи с +名词 5 格，译为“由于，因为，鉴于”。例如：

приостановка работы в связи с праздником 节日停工

В связи с этой причиной мы поменяли маршрут. 鉴于这个原因我们换了路线。

В связи с короновирусом, все рестораны и магазины закрываются.

由于新冠病毒所有饭店暂停营业。

в связи с тем, что.... 可以引导原因状语从句。例如：

В связи с появлением в городе новых случаев заболевания коронавирусом пассажиры, прибывающие в аэропорт, обязаны иметь при себе результаты теста на нуклеиновую кислоту. 由于城市里出现了新冠病例，乘客去机场乘机要求携带核酸检测报告。

В связи с тем, что друг завтра уезжает, мы решили собраться сегодня вечером в баре.

鉴于朋友明天要走，我们决定今晚在酒吧聚一聚。

3. из-за 由于，因为，为。后面接二格，表示原因且因此原因通常带来不好的结果。例如：

Загородная экскурсия не состоялась из-за плохой погоды. 由于天气不好郊游未能成行。

Дети дрались из-за игрушек. 孩子为玩具而打架。

Из-за шума ничего не слышно. 大声喧哗，什么也听不见。

Из-за тебя мы опоздали на поезд. 因为你，我们误了火车。

4. по 因为，由于。后面接名词三格表示原因。例如：

отсутствовать по болезни 因病缺席

ошибиться по рассеянности 因为疏忽造成错误

Он занимается охотой не потому, что ему это нравится, а по необходимости.

他打猎不是出于爱好，而是由于需要。

5. задерживаться на сколько времени 延误了多长时间。例如：

задерживаться на полдня задерживаться на 2 часа задерживаться на 40 минут

задерживаться 停留，耽搁，拖延，耽误

задерживаюсь, задерживаешься, задерживается, задерживаемся, задерживаетесь, задерживаются

Поезд задержался на 3 часа. 火车晚点了 3 小时。

Нам неповезло, в аэрпорту задержались на целый день.

我们很不幸，在机场耽误了一整天。

6. связан/а/ы с чем/кем 和某人/事相关。связан/а/ы 是动词 связать 的被动形动词短尾形式。例如：

Праздник связан с историей города. 节日和城市历史有关。

Эта история связана с основателем нашего завода. 这个故事和我们工厂创始人有关。

Такие предметы и явления связаны с изменением погоды.

这些征兆和现象与天气变化有关。

7. подготовка к чему 准备什么，为……做准备。例如：

подготовка к экзамену 为考试做准备 подготовка к работе 为工作做准备

подготовка к вылету 为起飞做准备

名词 подготовка 和动词 подготовить 是同根词。而 подготовить 后面要接四格，即

подготовить что（准备，预备，筹备什么）。例如：

подготовить лекции 备课（指大学）

подготовить материал для работы 准备工作用的材料

подготовить выступление 准备发言；准备上台表演；准备出动

8. кому необходимо что делать 某人不得不做某事。例如：

Ему необходимо ехать в больницу. 他不得不去医院了。

和 необходимо 一样，要求发出动作的主体用三格，后面接动词不定式的情态动词还有：надо（需要），нужно（需要），можно（可以），пора（该，是时候），нельзя（不可以，不允许）。例如：

У меня болит голова, мне нужно идти в поликлинику. 我头疼，我需要去诊所。

Вам нужно сделать домашнее задание сегодня вечером. 你们今天晚上需要写家庭作业。

9. принять необходимые меры 采取必要的措施。例如：

приму, примешь, примет, примем, примете, примут, принял, приняла, приняли

принять 对应的未完成体动词是 принимать，常见的搭配有：

принимать решение 做出决定 принимать лекарство 服药

IV. 主要句型（главные речевые структуры）

1. Уважаемые пассажиры, прошу внимания. 尊敬的乘客请注意。
2. Говорит командир корабля Ван Либо. 机长王立波在讲话。
3. Наш самолёт задерживается по метеоусловиям аэропорта отправления.
   到达机场的天气原因造成我们的飞机延误。
4. Наш самолёт задерживается в связи с загрузкой багажа и груза.
   行李和货物装载运输造成飞机延误。
5. Приносим вам свои извинения за (доставленные) неудобства.
   我们对此给您带来的不便深表歉意。
6. Спасибо за понимание! 感谢理解！
7. Девушка, как вы себя чувствуете? 女士，您感觉怎么样？
8. Спасибо за внимание! 谢谢关注！
9. Наземные службы аэропорта Юньган города Датун окажут вам необходимую помощь и содействие. 大同市云冈机场将给您提供必要的帮助。
10. Мы совершим аварийную посадку в ближайшем аэропорту Юньган города Датун.
    我们即将降落在大同市云冈机场。
11. Наш самолёт попал в зону турбулентности.
    我们的飞机进入了湍流区。
12. Пожалуйста, сядьте на свои места и пристегните ремни безопасности.
    请坐在自己的位置上，扣好安全带。
13. Наш самолёт совершит посадку через 20 минут.
    20 分钟后我们的飞机即将降落。

14. Во время полёта курить в самолёте запрещено. 在飞机飞行过程中禁止抽烟。
15. Из-за ливня самолёт рейса HU7976 не может вылететь по расписанию.
由于暴雨天气，HU7976 航班无法按时起飞。
16. Предполагаемое время отправления самолёта – через 2 часа. 预计 2 小时后起飞。
17. Что случилось? 发生啥事了？
18. Из-за ливня рейс HU7976 временно отменён. 由于暴雨天气，HU7976 航班临时取消。
19. Как только будет получена дополнительная информация, мы вам сообщим.
一收到进一步消息我们就通知您。
20. Мы приняли все необходимые меры предосторожности.
我们已采取一切必要的预防措施。
21. Экипаж и бортпроводники подготовлены к действиям в аварийных ситуациях.
机组人员和乘务员已准备好应对紧急情况。
22. Сохраняйте спокойствие. 请大家保持镇静。

V. 练习（упражнения）

Упражнение 1 翻译下列句子

1. Уважаемые пассажиры, прошу внимания.
2. Из-за ливня рейс HU7976 временно отменён.
3. Самолёт задерживается в связи с ожиданием группы транзитных пассажиров.
4. Пожалуйста, сядьте на свои места и пристегните ремни безопасности.
5. Экипаж и бортпроводники подготовлены к действиям в аварийных ситуациях.
6. 一收到近一步消息我们就通知您。
7. 在飞机飞行过程中禁止抽烟。
8. 预计 2 小时后起飞。
9. 我们即将降落在郑州市新郑机场。
10. 我们的飞机因为受到航路气流的影响，将会有明显的颠簸。

Упражнение 2 仿造示例用 благодаря，из-за 填空

Пример：**Благодаря** тебе я получил такой **хороший** результат .

Из-за него я **опоздал** на урок.

1. _________ такой хорошей погоде, мы сможем собирать грибы в лесу.
2. Мы не успели на поезд _________ такой плохой погоды.
3. _________ вам я научился говорить по-русски.
4. Он много знает _________ чтению.
5. Многие дети из Африки не могут учиться в школе _________ бедности.

Упражнение 3 用下列短语造句

1. оказать кому помощь
2. в связи с
3. из-за
4. кому необходимо что делать

VI. 参考答案（ключи к упражнениям и заданиям）

Упражнение 1

1. 尊敬的乘客请注意。
2. 由于暴雨天气 HU7976 航班临时取消。
3. 由于等待换乘旅客造成飞机延误。
4. 请坐在自己的位置上，扣好安全带。
5. 机组人员和乘务员已准备好应对紧急情况。
6. Как только будет получена дополнительная информация, мы вам сообщим.
7. Во время полёта курить в самолёте запрещено.
8. Предполагаемое время отправления самолёта – через 2 часа.
9. Мы совершим аварийную посадку в ближайшем аэропорту Синьчжэн города Чжэнчжоу.
10. Наш самолёт попал в зону турбулентности.

Упражнение 2

1. Благодаря 2. из-за 3. Благодаря 4. благодаря 5. из-за

三、技能实践：情境演练（ситуационные упражнения）

请同学们根据给定情境完成工作情境对话并填写表格。

工作情境一

工作情境主题	由于天气原因飞机迫降在了临近机场，作为乘务员的你受机长指示向旅客播报此情况。
参与者	
角色分配	
预计完成的工作目标	
情节对话设计（俄语）	
工作情境核心语句（俄语）	
难点或出错语句	
实践分析	1. 是否顺利用俄语处理该项工作？ 2. 工作难点及语言难点是什么？ 3. 如何克服难点？ 4. 如何改善工作及语言能力？ 5. 对自己的强化目标是什么？ 6. 本次工作情境演练成功之处是什么？
实践总结	1. 心得总结 2. 语言总结

工作情境二

工作情境主题	飞机即将降落，有人还在走道上活动，没有回到座位扣好安全带。作为乘务员的你与违规乘客沟通。
参与者	
角色分配	
预计完成的工作目标	
情节对话设计（俄语）	
工作情境核心语句（俄语）	
难点或出错语句	
实践分析	1. 是否顺利用俄语处理该项工作？ 2. 工作难点及语言难点是什么？ 3. 如何克服难点？ 4. 如何改善工作及语言能力？ 5. 对自己的强化目标是什么？ 6. 本次工作情境演练成功之处是什么？
实践总结	1. 心得总结 2. 语言总结

四、技能提升：小组顶岗实习演练（практические упражнения）

请同学们分小组进行俄语演练，选定顶岗实习人员，设计工作情节，完成实习演练并书写实习工作日志。

现在你们是南方航空公司的机组实习人员，即将执飞郑州到莫斯科航线。为了更好地完成执飞任务，执飞前航空公司组织了突发事件应急管理能力训练，训练合格的机组成员才能正式登上飞机，在“一带一路”国际航线上展现大国形象。本次训练的应急事件有……

小组成员：

售票员：

乘客：

情节设计：

根据情节展开工作，由指导教师指点并评价：

工作日志

时间：

地点：

岗位：

工作过程：

自我评价：

五、拓展学习（дополнительные знания）

机上突发事件应对案例

飞机降落时乘客鼓掌的传统

思考与讨论：你如何评价本文中南航航班的应急管理水平？谈谈出色的应急管理能力是如何养成的？

УРОК 6

货运服务

Грузовые авиаперевозки

本课学习目标（цель обучения）

1. 知识目标

(1) 了解航空货运的主要基础知识；
(2) 掌握航空货物收发、咨询、办理等流程的俄语表达；
(3) 掌握航空货运组织相关的俄语单词和句型；
(4) 了解航空货运的发展状况。

2. 能力目标

(1) 准确、熟练地运用俄语进行航空货运服务；
(2) 准确地掌握和使用航空货运服务各环节中的专业俄语用语；
(3) 能够在货物运输业务办理过程中正确使用俄语礼貌用语；
(4) 具备综合运用知识的能力。

3. 素质目标

(1) 培养学生逻辑思维、创新思维和批判性思维，培养学生讲文明有礼貌的意识习惯；
(2) 培养用俄语思维的能力和创新意识，学会不断发现问题，并用自己已有的知识水平和生活经历来解决实际问题。培养学生的团队协作能力和沟通交流能力；
(3) 具备较好的俄语交流能力和语言表达能力。

一、情境导入（введение в ситуацию общения）

全球经济一体化使得商品流通加速，其中物流扮演着重要角色。近些年来，随着经济的发展，航空国际物流也蓬勃发展。航空物流以其时间短、效率高成为一些企业青睐的运输方式。

情境一：随着郑州航空港的建立，一批航空货运公司应运而生。其中李明就是中原航空物流公司的一名员工。今天他接到了俄罗斯客户的电话，向他询问货运方式、运输价格、货运时间等问题。

思考：如果你是李明，能否用俄语准确地回答客户的问题？如何让客户信任并选择你们公司？

情境二：正在工作的李明发现一个发自白俄罗斯的货物航空运单上的收货人信息与货物包裹上的信息不符，他需要给该公司致电确定。还有一位俄罗斯客户收到的货物有缺漏，要求索赔。

思考：遇到这些情形，李明要如何与客户展开对话？会运用到哪些俄语句型？

二、语言知识（лингвистические знания）

I. 情景对话（диалоги-образцы）

1

原文：

Разговор по телефону

Клиент： Алло! Это компания авиаперевозок «Чжонюань»?

Персонал компании авиаперевозок： Да, да. Чем я могу вам помочь?

Клиент： Скажите, пожалуйста, в какие страны доставляете грузы?

Персонал： Доставляем по всему миру.

Клиент： Есть ли у вас ограничения по весу или количеству товара?

Персонал： Нет, таких ограничений на перевозку грузов нет. Мы возим грузы любого веса.

Клиент： Подскажите, пожалуйста, существует ли у вас система скидок?

Персонал： Да, разумеется, мы можем предложить очень выгодные условия в зависимости от объемов перевозок.

Клиент： Как лучше отправлять груз: от частного лица или от компании?

Персонал： Зависит от характера груза, его количества, стоимости, срока доставки и других факторов.

Клиент： Каковы сроки доставки?

Персонал： Это зависит от место назначения и отправления. В Россию груз идёт обычно от 3 до 5 дней.

Клиент： Как можно оплатить?

Персонал： Мы принимаем оплату от физических и юридических лиц. Оплатить можно банковским переводом или наличными в нашем офисе.

Клиент： Окей, спасибо за ответ. Я перезвоню вам попозже.

Персонал： Хорошо. Спасибо за звонок.

参考译文：

电话交谈

顾客： 喂！是中原航空运输公司吗？
航空货物公司工作人员：没错，有什么可以帮您？
顾客： 请问，你们向哪些国家进行货运服务？
工作人员：在全世界范围内都可以。
顾客： 你们的货运订单对货物重量和金额有没有要求？
工作人员：没有限制，任何重量的货物我们都承运。
顾客： 你们有折扣吗？
工作人员：当然，我们可以根据运输量提供非常优惠的条件。
顾客： 以个人或公司发货哪种更好？
工作人员：这取决于货物的性质、数量、价值、交货条件和其他因素。
顾客： 交货时间要多久？
工作人员：这取决于您的发货地和目的地。到俄罗斯通常 3 至 5 天。
顾客： 我怎样支付？
工作人员：我们接受私人或法人付款。您可以通过银行转账或在我们办公室用现金支付。
顾客： 好的，谢谢回答。稍后我会再和你们联系。
工作人员：好的，感谢您的来电。

2

原文：

Клиент: Здравствуйте! Вы не подскажете, где я могу отправить посылку?
Оператор 1: Пройдите туда, к стойке № 3.
Клиент: Здравствуйте. Могу ли я здесь отправить посылку в Москву?
Оператор 2: Да. Что в вашей посылке?
Клиент: Две рубашки и один костюм.
Оператор 2: Наземной почтой или авиа?
Клиент: Как долго она будет идти наземной почтой отсюда до Москвы? И как долго идет авиапочта?
Оператор 2: Наземной почтой—одна неделя, а авиапочтой—1-2 дня.
Клиент: Сколько стоит отправить наземной почтой?
Оператор 2: Это зависит от веса вашей посылки, давайте я её сначала взвешу. Она весит три килограмма, поэтому отправка наземной почтой будет стоит 28 юаней.
Клиент: А как насчет авиапочты?
Оператор 2: Вам придется добавить ещё 20 юаней. Какой способ предпочтёте?
Клиент: Авиапочтой, пожалуйста. Я заплачу через alipay.
Оператор 2: Деньги получены. Сохраняйте квитанцию, пожалуйста.
Клиент: Большое спасибо.
Оператор 2: Рад помочь.

参考译文：

顾客：　　您好，您能告诉我哪里可以寄包裹吗？
业务员 1：请到 3 号柜台。
顾客：　　您好。我可以在这里寄包裹到莫斯科吗？
业务员 2：可以，您的包裹里有什么？
顾客：　　两件衬衫和一套西装。
业务员 2：是通过普通邮件还是航空邮件？
顾客：　　从这里走普通邮件到莫斯科需要多长时间？航空邮件又需要多久呢？
业务员 2：普通邮件一周，航空邮件 1 至 2 天。
顾客：　　普通邮件的费用是多少？
业务员 2：这取决于你包裹的重量，让我先称一下。它重达三公斤，所以普通邮件的费用为 28 元。
顾客：　　那航空邮件呢？
业务员 2：您需要再加 20 元。您选用哪种方式？
顾客：　　请用航空邮件，支付宝完成支付了。
业务员 2：收到了。请您收好票据。
顾客：　　非常感谢。
业务员 2：很高兴为您服务。

3

原文：

Уточнение о прибытии товаров

Клиент:　Здравствуйте, могу ли я поговорить с Ли Мин?
Ли Мин:　Да, это Ли Мин, слушаю вас.
Клиент:　Можете ли вы проверить, прибыли ли мои товары в Чжэнчжоу?
Ли Мин:　Скажите, пожалуйста, номер вашего заказа.
Клиент:　MZ8384125679.
Ли Мин:　Ваши товары прибыли в Китай, но они проходят таможенный и карантинный досмотр в Пекине.
Клиент:　Когда они смогут прибыть в Чжэнчжоу?
Ли Мин:　Я не знаю, сколько точно времени занимает таможенный досмотр. Однако после окончания досмотра товары можно отправить в Чжэнчжоу в течение одного дня.
Клиент:　Вы нам позвоните, когда они приедут в Чжэнчжоу?
Ли Мин:　Конечно, не беспокойтесь. Мы сообщим вам как можно скорее.
Клиент:　Хорошо, спасибо.

参考译文：

确认到货

顾客：您好，我能和李明通话吗？
李明：请讲，我就是李明。

顾客：能帮我查一下我的货物到郑州了吗？
李明：请说一下您的单号。
顾客：MZ8384125679。
李明：您的货物已经到中国了，但是正在北京接受海关检验检疫检查。
顾客：那预计还要多少天到郑州？
李明：海关检查的时间我也不确定。但是，只要货物通过检查后，一天内就可以发到郑州。
顾客：到郑州后你们会电话通知我们吗？
李明：当然，请放心。我们会第一时间通知您。
顾客：好的，谢谢。

4

原文：

Клиент：Здравствуйте, компания авиаперевозок «Чжонюань»? Мы получили товар из Чжэнчжоу, но количество груза не сошлось, две упаковки товара отсутствуют.
Ли Мин：Вы связались с экспортёром по этому поводу?
Клиент：Да. Они показали нам транспортную накладную. Мы хотим предъявить претензию вашей компании, так как ответственность лежит на вас .
Ли Мин：Мы хотели бы получить ваши доказательства.
Клиент：Вот наша транспортная накладная для предъявления претензии.
Ли Мин：Простите, предоставленные вами доказательства недостаточны.
Клиент：Подождите минутку, вот акт осмотра, выданный Бюро товарной инспекции.
Ли Мин：У вас есть другие доказательства?
Клиент：Пока нет.
Ли Мин：Извините, мы сожалеем, что не можем принять ваше заявление, потому что товар был в идеальном состоянии, когда его загружали.
Клиент：Что нам теперь делать?
Ли Мин：Мы предлагаем вам обратиться в страховую компанию для урегулирования проблемы, так как недостача произошла во время транспортировки.
Клиент：Какие доказательства мы должны предоставить?
Ли Мин：Полный оригинальный комплект транспортных накладных, оригинал полиса страховки и оригинал коммерческиого инвойса.
Клиент：Большое спасибо, до свидания.
Ли Мин：До свидания.

参考译文：

顾客：您好，中原航空运输公司。我们收到了从郑州发来的货物，但是数量不够，少了两包货物。
李明：您是否就此事联系过出口商？
顾客：是的，他们给我们看了提货单。我们都认为，承运人应该对短缺负责。因此，我们必须向贵公司提出索赔，因为你们有责任。

李明：我们希望您能提供证据。
顾客：这是我们的提货单，用于索赔。
李明：很抱歉，您提供的证据不够充分。
顾客：等一下，这是产品检验局的检验报告。
李明：您还有其他证据吗？
顾客：暂时没有。
李明：很抱歉，我们不能接受您的申请，因为货物在装载时处于完好状态。
顾客：我们现在该怎么办？
李明：因为丢失发生在运输过程中，我们建议您联系保险公司来解决这个问题。
顾客：我们需要提供什么证明？
李明：一套完整的原始提单、原始保单和原始商业发票。
顾客：非常感谢，再见。
李明：再见。

5

原文：

Ли Мин： Здравствуйте! Белорусская компания «Белый медведь»?
Заказчик： Да. Чем я могу помочь вам?
Ли Мин： Имя получателя на авиагрузовой накладной, отправленной вашей компанией в Чжэнчжоу, Китай, не соответствует упаковочному листу. Можете ли вы подтвердить имя и адрес получателя?
Заказчик： Хорошо, немедленно всё проверим. Можно ли после проверки отправить на вашу электронную почту правильное имя и адрес получателя?
Ли Мин： Да. Мой адрес электронной почты: limin-china@126.com.
Заказчик： Повторите, пожалуйста. Я не успела записать.
Ли Мин： limin-china@126.com.
Заказчик： Хорошо, спасибо.
Ли Мин： Я хочу подтвердить, что товары оплачивает грузополучатель, верно?
Заказчик： Верно.
Ли Мин： Тогда нам нужен контактный номер грузополучателя.
Заказчик： Я всё сразу пришлю вам на почту.
Ли Мин： Хорошо, до свидания.
Заказчик： До свидания.

参考译文：

李明：您好！是白俄罗斯白熊公司吗？
顾客：您好。有什么可以帮您？
李明：贵公司发往中国郑州的货物航空运单上的收货人名称与包装清单不一致。您能否重新确认一下收件人姓名和地址？
顾客：好的，我们马上核对。核对后将正确的收件人姓名和地址发到您邮箱可以吗？

李明：可以。我的邮箱地址是：limin-china@126.com。
顾客：能重复一遍吗？我没有记录下来。
李明：limin-china@126.com。
顾客：好的，谢谢。
李明：还想和您确认一下，是收货人支付货款吧？
顾客：没错。
李明：那我们还需要收货人的联系电话。
顾客：我一并发到您邮箱。
李明：好的。再见。

II. 词汇（новые слова）

авиаперевозка 航空运输
агент 代理人
нехватка 不足、缺失
страховая компания 保险公司
аэродром 机坪
аэропорт 飞机场
перевозка 转运
аэропорт международный 国际机场
груз 货物
товар 货物
транзитная декларация 过境申报
экспортная декларация 出口申报
грузовая отправка 货物发送
перевозчик 承运人
срок доставки 交付时间
срок хранения 储存期
погрузка 装载
разгрузка 卸载
таможенное оформление 通关
штраф 处罚、罚金
таможенная очистка (растаможка) 清关
брокер 经纪人
возить/везти 搬运、运送
перевозчик, транспортная организация 运输单位
транспортная логистика 运输物流
страховка 保险
вес 重量
объем 体积
размер 尺寸
тип упаковки 包装类型
количество предметов 物件数量
контактная информация 联系方式
логистическая система 物流系统
документация 文件
воздушный кодекс 航空代码
надежность 稳定性
тариф 资费
предлагать/предложить 建议、提议
отправлять/отправить 发出、发送
оплачивать/оплатить 支付、付款
посылка 包裹
взвешивать/взвесить 称重、称量
квитанция 收据
осмотр 检查
недостача 短缺、缺少
экспортер 出口商
накладная 提货单
доказательство 证明、证据
претензия 诉求、投诉、抱怨
страховой полис 保险单
инвойс 发票
предоставлять/предоставить 提供
электронная почта 电子邮箱
оригинальный 原始的、原创的

III. 重点语法与词汇（ключевая грамматика и лексика）

1. 动词的态表示动作与句中主语表示的事物之间的关系，分为主动态和被动态。使用动词主动态时，主语是动作的实施者，受施者用 4 格；使用动词被动态时，主语是动作的受施者，实施者用 5 格。例如：

   Рабочие давно построили этот дом.　工人们早把这座房子建好了。

   Этот дом давно был построен рабочими.　这个房子早被工人们建好了。

   Луна освещает улицу.　月光洒满街道。

   Улица освещается Луной.　街道上洒满了月光。

2. 带有主体 5 格的被动态在口语中一般不用，而只见于书面语中。被动态动词也可以不带主体 5 格，被动意义可能被削弱，例如：

   Эти документы сохранились.　这些文件被保存下来了。

   В этом магазине продаются разнообразные товары.　这家商店卖各种各样的商品。

3. 及物动词 + -ся 之后具有被动意义，行为主体用 5 格表示，也可以没有行为主体。表示被动意义的带-ся 动词一般不用完成体，尤其是在有行为主体的情况下，完成体动词的被动意义要用完成体过去时被动形动词表示，试比较：

   План выполняется заводом.　计划正由工厂完成。

   Завод выполняет план.　工厂正在完成计划。

   План выполнен заводом.　计划已被工厂完成。

   Завод уже выполнил план.　工厂已经完成了计划。

IV. 主要句型（главные речевые структуры）

1. Чем я могу вам помочь?　有什么可以帮您？
2. Разумеется, мы можем предложить очень выгодные условия в зависимости от объемов перевозок.　当然，我们可以根据运输量提供非常优惠的条件。
3. Срок доставки зависит от места назначения и отправления.
   货运时间取决于发货地和目的地。
4. Это зависит от характера груза, его количества, стоимости, условий доставки и других факторов.　这取决于货物的性质、数量、价值、交货条件和其他因素。
5. Я перезвоню вам попозже.　稍后我会再和你们联系
6. Спасибо за звонок.　感谢您的来电。
7. Могу ли я здесь отправить посылку в Москву?　我可以在这里寄包裹到莫斯科吗？
8. Что в вашей посылке?　包裹里是什么？
9. Наземной почтой или авиа?　普通邮件还是航空邮件？
10. Цена зависит от веса вашей посылки, давайте я её сначала взвешу.
    价格取决于您包裹的重量，让我先称一下。
11. Сохраняйте квитанцию, пожалуйста.　请您收好票据。
12. Скажите, пожалуйста, номер вашего заказа.　请说一下您的单号。

13. Ваши товары прибыли в Китай, но они проходят таможенный и карантинный осмотр в Пекине. 您的货物已经到中国了，但是正在北京接受海关检验检疫检查。
14. Мы сообщим вам как можно скорее. 我们会第一时间通知您。
15. Количество груза не сошлось, две упаковки товара отсутствуют.
数量不够，少了两包货物。
16. Вы связались с экспортёром по этому поводу? 您是否就此事联系过出口商？
17. Извините, мы сожалеем, что не можем принять ваше заявление, потому что товар был в идеальном состоянии, когда его загружали.
很抱歉，我们不能接受您的申请，因为货物在装载时处于完好状态。
18. Можете ли вы подтвердить имя и адрес получателя?
您能否重新确认一下收件人姓名和地址？
19. Можно ли после проверки отправить на вашу электронную почту правильное имя и адрес получателя? 核对后将正确的收件人姓名和地址发您邮箱可以吗？
20. Я не успела записать. 我没有记录下来。
21. Нам нужен контактный номер грузополучателя. 我们还需要收货人的联系电话。
22. Я пришлю вам на электронную почту. 我发到您邮箱。

V. 练习（упражнения）

Упражнение 1 选出对应的汉语翻译

а. Вам нужна быстрая доставка? б. В ручной клади есть что-нибудь, что нужно задекларировать? в. Какие габариты вашего груза? г. Как будете упаковывать мой товар? д. Сколько будет стоить пошлина? е. Вы не скажете, где можно взять бланк таможенной декларации? ё. Когда мой клиент сможет получить товары?	1. 我的客户何时能收到货物？ 2. 关税将是多少？ 3. 您能告诉我在哪里可以拿申报单吗？ 4. 你需要快速把东西运达吗？ 5. 你的手提行李中有什么需要申报的吗？ 6. 你的货物尺寸是多少？ 7. 你们会用什么来包装我的货物？

Упражнение 2 用适当语句补充下列对话

1. —Как будете оплачивать перевозку?
—______________.
2. —______________?
—Доставка займёт всего 3 дня.
3. —Скажите, пожалуйста, когда ближайший рейс?
—______________.
4. —Сколько с меня за отправку?
—______________.

5. —_______________?

—Воздушный транспорт.

Упражнение 3 阅读短文，根据短文内容回答问题

Чем выгодны международные авиационные грузоперевозки

По сравнению с другими форматами транспортировки грузов, их международная перевозка воздушным транспортом не является самой масштабной из-за высоких тарифов. Согласно статистике, на неё выпадает лишь 1% от всего веса перевозимых товаров и 10% от их стоимости. Тем не менее, она обладает целым рядом преимуществ, зачастую характерных исключительно для неё. Основными из этих преимуществ являются следующие:

Авиаперевозки стали самым быстрым видом транспортировки грузов. По времени их передвижения по воздуху не может сравниться ни один из остальных традиционных вариантов, применяемых людьми. Только благодаря авиаперевозкам, например, на рынках многих стран доступны многие виды продуктов питания, другой скоропортящейся продукции, живых цветов и т.д. Огромная скорость перевозки грузов позволяет оперативно перемещать из одного места в другое медицинские препараты, в которых нередко остро нуждаются тяжелобольные.

За счёт скорости авиаперевозок к минимуму сводятся риски транспортировки множества высокоценных, редких товаров—типа ювелирных изделий, произведений искусства и др. Размер страховых премий при авиаперевозках, как правило, в 2 раза меньше, нежели при морских перевозках. Для сравнения: они составляют, соответственно, 0,3% и 0,7% от стоимости перевозимого груза. Таможенную пошлину могут взимать с брутто веса груза, который при воздушных перевозках ниже, чем при транспортировке морем. При воздушной транспортировке почти всегда используются самые лёгкие и дешёвые упаковочные варианты.

Такие перевозки почти всегда более выгодные, чем морские или железнодорожные, со складской точки зрения. Нередко при таком способе перевозки грузы вообще не нуждаются в складировании – их после разгрузки прямо из аэропорта отправляют по месту назначения, что позволяет избегать лишних расходов на оплату складского хранения товаров.

Эти и другие преимущества авиаперевозок дают возможность суммарно экономить на перевозке грузов значительные средства, существенно компенсируя более высокую стоимость такого вида транспортировки.

参考译文：

国际航空货运的优势是什么

与其他运输形式相比，由于高资费，国际航空货物运输的应用并不是很广泛。据统计，它只占货物运输总量的1%，占其价值的10%。尽管如此，仍有一些优势是它所特有的。这些优势中最主要的是以下几点：

空运已成为最快的货物运输方式。就乘飞机旅行的时间而言，人们使用的其他传统方式都无法与之相比。例如，由于空运的优势，使得从许多国家的市场上采购易腐产品、食品、新鲜花卉等成为了可能。空运的巨大速度使医疗和医药产品有可能在很短的时间内从一个地方运到另一个地方，而这些产品往往是重病患者急需的。空运的速度将许多珍贵和稀有物品的运输风险降至最低，如珠宝、艺术品等。通常，空运的保险费是海运的一半。作为比较，它们分别占运输货物价值的 0.3% 和 0.7%。关税按托运货物的毛重征收，空运比海运要低。空运几乎总是使用最轻、最便宜的包装方式。

从仓储的角度来看，这种运输几乎总是比海运或铁路运输更经济。通常情况下，这种运输方式根本不需要任何存储。一旦卸下货物，就直接从机场运往目的地，从而避免了不必要的存储费用。

空运的这些优势使其有可能在货物运输上总共节省大量的资金，大大抵消了这种运输方式的较高成本。

Вопросы:

1. Какую долю товара перевозит авиационная грузоперевозка?
2. Какой вид грузоперевозок применяется для транспортировки высокоценных и редких товаров?
3. Каких лишних затрат можно избежать при авиагрузоперевозках?
4. Какое самое главное преимущество у авиагрузоперевозок?
5. Почему авиагрузоперевозки позволяют сэкономить на пошлинах?

Упражнение 4 结合下面图片的内容编写一组对话

VI. 参考答案（ключи к упражнениям и заданиям）

Упражнение 1

а. Вам нужна быстрая доставка?	1. 你需要快速把东西运达吗？
б. В ручной клади есть что-нибудь, что нужно задекларировать?	2. 你的手提行李中有什么需要申报的吗？
в. Какие габариты вашего груза?	3. 你的货物的尺寸是多少？
г. Как будете упаковывать мой товар?	4. 你们会用什么来包装我的货物？
д. Сколько будет стоить пошлина?	5. 关税将是多少？
е. Вы не скажете, где можно взять бланк таможенной декларации?	6. 您能告诉我在哪里可以拿申报单吗？
ё. Когда мой клиент сможет получить товары?	7. 我的客户何时能收到货物？

Упражнение 2

1. Банковской картой.
2. Сколько дней займет доставка?
3. Самый ближайщий рейс для вашего груза будет в среду.
4. С вас всего 5398 рублей за отправку.
5. Какой транспорт наилучший с точки зрения экономии времени?

Упражнение 3

1. Один процент.
2. Авиагрузоперевозка.
3. Авиагрузоперевозки позволяют избежать лишних расходов на оплату складского хранения товаров.
4. Высокая скорость.
5. Таможенную пошлину могут взимать с брутто веса груза, при воздушной транспортировке почти всегда практикуются самые лёгкие, дешёвые упаковочные варианты.

三、技能实践：情境演练（ситуационные упражнения）

请同学们根据给定情境完成工作场景对话并填写表格。

工作情境一

工作情境主题	郑州一家公司打算通过航空运输向俄罗斯发送一批电子产品，向你咨询运输时间、费用的问题。
参与者	
角色分配	
预计完成的工作目标	
情节对话设计（俄语）	
工作情境核心语句（俄语）	
难点或出错语句	
实践分析	1. 是否顺利用俄语处理该项工作？ 2. 工作难点及语言难点是什么？ 3. 如何克服难点？ 4. 如何改善工作及语言能力？ 5. 对自己的强化目标是什么？ 6. 本次工作情境演练成功之处是什么？
实践总结	1. 心得总结 2. 语言总结

工作情境二

工作情境主题	客户到你所在的航空运输公司提取货物。
参与者	
角色分配	
预计完成的工作目标	
情节对话设计（俄语）	
工作情境核心语句（俄语）	
难点或出错语句	
实践分析	1. 是否顺利用俄语处理该项工作？ 2. 工作难点及语言难点是什么？ 3. 如何克服难点？ 4. 如何改善工作及语言能力？ 5. 对自己的强化目标是什么？ 6. 本次工作情境演练成功之处是什么？
实践总结	1. 心得总结 2. 语言总结

四、技能提升：小组顶岗实习演练（практические упражнения）

请同学们分组进行俄语演练，选定顶岗实习人员，设计工作情节，完成实习演练并书写实习工作日志。

现在你在郑州新郑国际机场的航空货运部门实习，有俄罗斯客户从俄罗斯进口了一批药品，但他一直没有收到货，因此致电你们询问货物具体物流信息。
小组成员： 售票员： 乘客： 情节设计： 根据情节展开工作，由指导教师指点并评价：
工作日志 时间： 地点： 岗位： 工作过程：   自我评价：

五、拓展学习（дополнительные знания）

平凡岗位上的抗疫英雄

航空货运条例及费用核算

思考与讨论：舍小家，用责任捍卫“大家”的张景飞是如何在平凡岗位上做事的？假如你是普通的货运一线员工，你会如何完成本职工作？

附录一 铁路相关俄语词汇

А

автономные локомотивы 自动化机车
автовагон 自动化车厢
автобус-шаттл 班车，摆渡车
автоматическое управление поездом 自动列车控制
автомат для продажи билетов 自动售票机
автоматическое движение поездов 列车自动运行
авария 大事故，故障，损坏
аварийная связь 紧急通信
автоматическая сигнализация 自动报警
автоматически 自动地
авиационный кодекс 航空代码
автоматизированное управление движением 行车指挥自动化
автоматическая защита 自动保护
автоматический пуск 自动启动
амперметр 电流表
аппаратный шкаф 设备柜
аварийный 应急的，备用的，事故的
аварийный выход 紧急出口
аварийно-спасательный 紧急求救的
аварийно-спасательное оборудование 应急设备
администратор 管理员
автомат по продаже билетов 自动售票机
автоинформация 自动提示
аптечка 药箱
авиабилет 机票
акт досмотра 检测报告
авиаперевозка 航空运输
авиационная безопасность 航空安全
авиакомпания 航空公司
агент 代理人
акт 报告
акт экспертизы 检查行为
аэродром 机坪
аудио 音响；音频；声象
автомат самообслуживания 自助服务机
авиапочта 航空邮件
автоматически списана 自动扣除
аэропорт 航空客站，机场

Б

билетная касса 售票处
билет 票
билеты на поезд 火车票
билет туда и обратно 往返票
билет в одно направление 单程票
билет для рабочих и служащих 员工票
билет в оба конца，билет туда и обратно 往返车票
билетная касса 售票处
билет на сегодня 今天的票
билет в плацкартный вагон/плацкарт 卧铺票
багажное отделение 行李房
багажная 行李房
багаж 行李
багажная полка 行李架
багажная квитанция 行李票
бирка 行李签

багажная грузовая тележка 推行李车
батарея 电池
банковская карта 银行卡
Безвоздушное (вакуумное) пространство 真空
безопасность 安全
безопасный[形容词] 安全的
безопасное расстояние 安全距离
безопасный проход 安全通道
бесплатный[形容词] 免费的
бетон 混凝土
блок-схема 流程图
блокирование стрелки 道岔锁闭
блок 单元，模块
болт 螺钉
болтовня 振动
большая остановка 大站
большой мост 大桥
Большой (капитальный) ремонт 大修
бухгалтер 会计
Будьте осторожны 请小心！
Будьте внимательны 当心
бюро обслуживания 服务处
больной 病人
более получаса 超过半小时
беременная женщина 孕妇
без очередей 不用排队
болеть 疼，有病
бизнес- класс 商务舱
беспересадочный рейс，прямой рейс 直达航班
багажные квитанции 行李收据
багажная карусель 行李传送带
бирка 标签
бирка ручной клади 随身行李牌
бумажный билет 纸质票
беспошлинный 免税的
банковский перевод 银行转账
бортовая накладная 提货单
билет со скидкой в 50% (процентов) 半票
билет с истекшим сроком действия 过期票
брокер 经纪人
бортпроводник 空乘人员
борт 舱（飞机，船舶）
больница 医院
бюро находок 失物招领
брутто 毛重

B

вокзал 火车站
вагон 车厢
вход 入口
выход 出口
вторичный центр 副中心
вода для бытовых нужд 生活用水
вестибюль вокзала 车间大厅
высокоскоростной поезд 高速列车
высокоскоростной 高速的
вход для проверки билетов 验票口
вагон-ресторан 餐车
высокоскоростной поезд 高铁
верхняя полка 上铺
вместимость (пассажирского вагона) 客车车厢容量
выхлопная труба 排气管
выходить (из поезда) 下车（从火车上）
в пути 在途中
время 时间
виадук 高架桥
вагонное наружное освещение 车辆外部照明
вагоноремонтный завод 车辆修理厂
выхлопные газы 烟，雾
вытяжка 排气
вагоностроительный завод 车辆制造厂
варежки 手套
вентиляция 通风

внешний[形容词] 外部的
внешняя сила 外部力量
внешние факторы 外部因素
водоснабжение 供水
временно 暂时
временный ремонт 临时维修
входящий сигнал 进站信号
вагонный инспектор 检车员
время прибытия поезда 列车到达时间
вагон-купе 包厢
вагон с местами для сидения 硬座车厢
верхнее место/верхняя полка 上铺
второй класс 二等
в один конец 单程
в оба конца 双程，往返
взрослый билет 成人票
Время московское 莫斯科时间
Время местное 当地时间
вагон для некурящих 禁烟车厢
входят в... 包括……
вид транспорта 运输方式
выполняемое вручную[形容词] 人工的
высокоскоростная железная дорога 高铁
выдержать/выдерживать 禁得住
вызвать врача 叫医生
высокое давление 高血压
вход в метро 地铁入口
выйти/выходить 走出去
ввести/вводить 引入/输入
ввести пункт назначения 输入目的地
выбрать/выбирать 选择
выбрать способ оплаты 选择支付方式
выбросить/выбрасывать 丢
вынести/выносить 拿出
вещь 东西，物品
вещи с собой 随身物品
ванная 浴室
внизу 在下面
вместимость вагона 车辆定员
Внимание 留心，注意
временно остановиться 临时停靠
вылет 起飞
время вылета 起飞时间
вылететь/вылетать 起飞
во время полёта 飞行期间
вечерний рейс 晚上的航班
виза 签证
вестибюль 大厅
весы 秤
вес 重量
выдача багажа 行李提取
выход на посадку 登机口
внутренний рейс 国内航班
взять его с собой 随身携带
взрывчатые вещества 易爆物品
включить/включать 包含
ворота 门
в очередь 在队伍中
вывернуть/выворачивать 翻过来
выверните карманы 请清空口袋
выгодные условия 优惠条件
взвешивать/взвесить 称重、称量
возить/везти 搬运、运送
выключить/выключать 关闭
взлететь 飞起；腾起，升起
вынуть 拿出，取出；抽出；提出，掏出
воздушный 空气的，大气的；空中的
выход на посадку 登机门
взрывное устройство 爆炸装置
вредно 有害地，无利处地
временно[副词] 暂时；一时半刻；一时；权且；临时地
вернуться 回来，返回，归来
весы для багажа 称量台
ведение протокола 操作记录

Г

груповой билет 团体客票
горка 驼峰，驼峰调车场
грузоподъёмность 承载能力
груз 货物
гардероб 更衣室
гардина 窗帘
генеральный 总的
генеральная схема узла 枢纽总布置图
генеральная смета 总预算
гигиена 卫生
гидроизоляция 防水
главный[形容词] 主要的，重要的
главная конструкция 主体结构
гидроизоляционный материал 防水材料
гидропередача 液压传动
гидропневматическая система 液压气动系统
главный компьютер 主机
главный рубильник 总开关
глобальная система позиционирования （GPS）全球定位系统
год/месяц/число 年/月/日
горочный локомотив 驼峰调车机车
горочный светофор 驼峰信号机
горочный сигнал 驼峰信号
государственная железная дорога 国家铁路
государственная сеть 国家网
государственный[形容词] 国家的
государственное железнодорожное управление 国家铁路局
государство 国家，政权
готовая деталь 成品零件
граница 边界
граница станции 站界
грузовая станция 货运站
график 时间表，进度图，图像
график движения поездов 列车运行图，列流图，运行图
график процесса 流程图
график работ 施工进度
грузовая станция 货物站
груз в пути 在途货物
громкость 响度，音量大小
грузовой[形容词] 货物的
грузовая площадка 堆货场
грузовая платформа 货物站台
грузовой диспетчер 商务调度
грузчик 装卸工
главный путь 正线
гружёный вагон 重车
групповое формирование 编组
график поездов 列车运行图
грузовой контейнер 货运集装箱
грузовой поезд 货运列车
горячая вода 热水
голова кружится 头晕

Д

дверь-решётка 栅栏门
дистанция тяги 机务段
диаграмма，схема 图表
дистанция пути 工务段
детский билет 儿童票
детский[形容词] 儿童的
диспетчерская 调度室
дрезина 轨道车
диспетчерская централизация 调度集中
дистанционное управление 遥控
дежурный 值班员
дежурная комната 值班室
доставка 运输
дверь 门
двигатель 发动机
длина 长度

дизельный электровоз 内燃机车
двухпутная железная дорога 双线铁路
движение поезда 列车运行
давление 压力
дата начала работы 开工日期
датчик 传感器，发送器
датчик колеса 车轮传感器
двигательная сила 动力
двигатель 发动机，引擎
движение поезда 列车的行驶
движение туда и обратно 一次往返运行
диометр 直径
диометр колеса 车轮直径
диапазон 范围
дизтопливо 柴油
дикий 野生的
динамическая станция 动力站
динамический параметр 动力参数
длина 长度
длина поезда 列车长度
длина платформы 月台长度
длинномерный груз 超长货物
диспетчер 调度员
диспетчерская 调度所
диспетчерская система железнодорожного состава 铁路列车调度系统
диспетчерский центр 调度中心
диспетчерский телефон 调度电话
диспетчерское распоряжение 调度命令
договор 合同
документ 文件
документ движения поезда 行车凭证
дополнительный[形容词] 补充的，额外的
другие вагоны 其他车厢
дубликат 托运单
другой[形容词] 其他的
датчик дыма 感烟火灾探测器
дежурный по станции 值班站长
дежурный по вокзалу 客运值班员
дать путь (дать согласие) 给牌
дежурный по вокзалу 客运室
детский билет 儿童票
делать пересадку 换乘
достигнуть соглашения 达成了协议
документ 文件，单据
доливать 倒满，灌满，添注
дежурная 值班室
дежурный 值班的
две поездки 双程
добраться /добираться до 到达
действительный 有效的
длительное время 长期
досмотр 检验，检查
до конца 尽头
двери закрываются 车门正在关闭!
держаться 抓住
держитесь за поручни 抓住扶手
двигаться 移动
дата вылета 飞行日期
допустимый вес 限额
диктор 广播员
допускаться 允许
декларация 申报单
досмотр 检查
действительные документы 有效证件
доставить/доставлять 运送
документация 文件
дойти/доходить 送到
доказательство 证明、证据
давление 压力
дым 烟
дополнительная информация 进一步通知
доплатить/доплачивать 补付
детектор 探测门

E

ехать без билета 无票乘车
ехать зайцем 无票乘车

Европа 欧洲
Европейский Союз 欧盟
европейский[形容词] 欧洲的
единение 统一
ежегодный[形容词] 每年的
ежедневный уход 日常维护
ежемесячная проверка 月检
единый проездной 通票

Ё

ёмкость，объём 容量
ёмкость батареи 电池容量

Ж

железнодорожные пути 火车轨道
железная дорога 铁路
железнодорожный[形容词] 铁路的
железнодорожный институт 铁路学院
железнодорожный рельс 铁路钢轨
железнодорожный узел 铁路枢纽
железнодорожный путь 铁路轨道
жалюзи 百叶窗
желание 愿望，意愿
железнодорожная линия 铁路线
железнодорожный сигнал 铁路信号
железнодорожный мост 铁路桥
железнодорожный переезд 铁路道口
железнодорожный фрахт 铁路运费
железнодорожный план развития 铁路发展规划
железнодорожный путь нормальной колеи 标准轨距铁路
железнодорожная сеть 铁路网
железнодорожное эксплуатационное расстояние 铁路营业里程
железнодорожный экспортная накладная 铁路出口提单
железнодорожное полотно 铁路路基
железнодорожная насыпь 铁路路基
железнодорожное озеленение 铁路绿化
женский туалет 女厕所
жидкость 液体

З

зал 大厅
зал ожидания 候车室
запасный путь 侧线
защита безопасности 安全保护
зал продажи билетов 票务室
запасное оборудование 备用设备
заправлять (топливом) 加油（燃料）
заготовка 半成品，采购
загородный район 郊外
заводской[形容词] 工厂的
задание 任务，练习
задержание 滞留
задержка движения 交通延误，阻碍运行
закон 法律
закрытие перрона 月台关闭
заказчик 业主
заказ 订单
путь занят 轨道占用
занятый путь 占用的股道
запад 西部
западный[形容词] 西部的
запасные части 零配件
запись 记录，录音功能
запись в бортовом журнале 驾驶记录
запись номера поезда 列车号记录
заправочная станция 加油站
запрет 禁止
запретить/запрещать что делать[动词] 禁止做某事
запуск в эксплуатацию 投入运营

заранее 事先
защитная зона 保护区
защитные меры 保护措施
защитный лес 防护林
защитный экран 保护屏
звук 声音
звуковой сигнал 声音信号
звукоизоляция 隔音
землетрясение 地震
зал ожидания 候车区域
замначальника станции 副站长
заведующий канцелярией 办公室主任
заказать билеты 预订车票
запрос согласия 要牌
зарегистрироваться/регистрироваться
登记，注册
зарегистрироваться по номеру паспорта
根据护照号注册
заказать/заказывать 订购；预定
заказать билеты на поезд по телефону.
电话定票
забрать билет 取票
заплатить/платить 支付
заплатить сбор 10% за обработку
支付10%的手续费
замена срока и перевозчика 改签
зарезервировать место 预定位置
за углом 在拐角后面
заключение контракта 签订合同
занять/занимать 占据
задержка 延误、延迟
заказ 订单
заболеть[完] 生病
закрыться/закрываться 关上
забронировать билет 订票
зона ожидания 等候区
запрещённые предметы 禁止物品
задерживать/задержать 扣留
заполнить/заполнять 填写
заявление 申请
за бортом 舱外
запись в истории 历史记录
затянуть 拉紧，系紧，束紧，捆紧
застегнуть 扣上，扣住，扣紧
загрузка багажа и груза 运输和装载行李
задерживаться 停留，耽搁，拖延，耽误
зебра (пешеходный переход) 斑马线

И

интенсивное движение 交通繁忙
изношенный[形容词] 磨损的
идеально[副词] 理想地
исходящий сигнал 出站信号
известный[形容词] 著名的，有名的
изготовитель 生产厂家
изготовлена в Китае 中国产
износ 损耗
износ рельса 钢轨磨损
изолирующий покров 保护层
индикатор вагонов 车号指示器
индикаторная лампа 指示灯
инспектор 监督员，检察员
инспекция по безопасности 安全检查
инструкция 手册，指令
инструкция по техническому обслуживанию
维护手册
интеллектуализация 智能化
интервал движения поездов
列车间隔，行车间隔
информация 信息
информационное бюро 信息中心
интернет 网络，因特网
итог 总数，总计
импорт 进口
искать 寻找
Идите прямо 直走
инвалид 残疾人

изолирующий пояс 隔离带
изменить бронирование 更改预订
инструкция по безопасности 安全说明
идеальное состояние 完好状态
интермодальные перевозки железнодорожным и водным транспортом 铁路水路联运

К

касса 售票处
кабина 驾驶室
квитанция 发票
комната для инструментов 工具室
комната отдыха 安静休息区
кабина машиниста 驾驶室
конечная станция 终点站
колонка питьевой воды 给水房；给水所
комната матери и ребёнка 母婴候车室
касса предварительной продажи билетов 车票预售处
камера хранения ручного багажа 小件行李寄存处
крыша над перроном 月台顶棚
крыша над платформой 月台顶棚
компостировать билет 剪票；轧票
курьерский поезд 特快列车
купе 软卧，包厢
крытый вагон 有盖货车
КПД 效率
капитальный ремонт 检修
контактный (третий) рельс 接触（第三）导轨
количество пассажиров 乘客人数
кабель 电缆
капитальный ремонт 大修，维修检查
категория 种类
километр 千米
киоск 小卖店
климат 气候
клуб 俱乐部
количество 数量
критическое значение 临界值
команда 团队，指令
комплекс 综合体
компьютер 电脑
контроль температуры 温度控制
копия 复印件
крыша 车顶，屋顶
контролёр 检票员
кассир 售票员
камера хранения 行李寄存处
класс сиденья 座席
кондиционер 空调
контрольно-пропускной пункт 安检口
контрольно-пропускной пункт для пересадки 换乘专用的安检口
короткий 短的
конечная станция 终点站
конечная стоимость перевозки 运输费用
компания 公司、厂家、企业
консультироваться/проконсультироваться 咨询、问询
комбинированная перевозка 联运
квитанция 收据、发票
купить билет в пути 补票
класть/положить 放（平放）
кипяток 热水
касса метро 地铁售票处
кольцевая линия 环线
кнопка 按钮
нажимать кнопку 点击按钮
купить/покупать 买
камера хранения 寄存处
карта 地图
класс 等级
кредитная карта 信用卡
конечный пункт назначения 最终目的地
конфисковать 没收
коррозионно-активные вещества 腐蚀性物品

контроль　控制、管控
контейнер　容器
корзина　篮子
коробка　盒子
количество предметов　物件数量
контактная информация　联系方式
карго　货物
компании по импорту и экспорту　进出口公司
компенсация　补偿，赔偿
карта безопасности пассажира　乘客安全卡
карман　口袋
колюще-режущие предметы　尖锐物体
критерий　标准准则
кислородные маски　氧气面罩
курить запрещено　禁止抽烟
крыло　机翼
кабина (самолёта)　机舱
кабина лётчика　飞行员座舱
корпус/фюзеляж　机身
командир　指挥员，指挥官，机长
корабль　飞船，海船，飞机
командир корабля　机长
клиент　客户

Л

локомотив　火车头，机车
локомотивная бригада　机车组
линия　线路
лампа　灯
лестница　楼梯
лицензия　许可证
лифт　电梯，直升电梯
лишние деньги　额外费用
логистика　物流
личные вещи　个人财物
легковоспламеняющиеся предметы　易燃物品
ленточный конвейер/транспортерная лента　传送带
логистическая система　物流系统
ливневый　大雨的，暴雨的，阵雨的
ливень　暴雨天气
логистика　运输物流

М

Министерство железных дорог (МЖД)　铁道部
Министерство путей сообщения (МПС)　交通运输部
машинист　机车司机
магистраль　大干线
маневровый локомотив　调车机车
маневровая работа　调车作业
маршрут　路线
место　座位
мегафон　话筒
министр путей сообщения　铁道部部长
манёвровый диспетчер　行车调度
машинист крана　吊车司机
международный пассажирский поезд　国际（客运）列车
менять дату　改期
маленький стол，столик　小桌子
мусорное ведро　垃圾桶
мужской туалет　男厕所
многолюдный　人数众多的
медперсонал　医护工作人员
место назначения　目的地
Международный аэропорт　国际机场
место у прохода　靠过道座位
место у окна　靠窗

Международный рейс 国际航班
металлические предметы 金属物品
маленькие объекты 小物件
металлодетектор 全属探测器
медицинская аптечка 药箱
медицинская помощь 医疗救助
маршрут воздушных потоков 航路气流

Н

начальник станции 站长
носильщик 搬运工人
начальник поезда 列车长
ночной поезд 通宵列车
накладная 提货单
номер вагона 车厢号
нижняя полка 下铺
носильщик багажа 行李员，货运员
пропускная способность 吞吐量
нагревать[动词] 加热
на поезде 乘坐火车
напряжение 电压
начальник управления ЖД 铁路局局长
начальник отделения ЖД 铁路分局局长
начальник службы 处长
начальник отдела 科长
начальник вокзала 客运主任
начальник поезда 列车长
начальник ПТО (производственно-технический отдел) 列检主任
наземная и водная интермодальная станция 水陆联运站
нормальная колея 准轨
нечётный поезд 下行列车
номер поезда 车次
номер локомотива 机车号码
нижнее место/нижняя полка 下铺
на второй этаж 二楼
надземный переход （月台上的）天桥
небольшой объём груза 少量货物
нетто 净重
неограниченный 无限的
неограниченное количество поездок 不限次乘车
нажимать 按压，点击
наличный 现金
наличный расчёт 现金结算
напорный бак 压力罐
нельзя 禁止
направо 右转
направление 方向
навигация 导航
неудобства 不便
натянуть/натягивать 拉紧，架上
норма бесплатного провоза багажа 免费行李限额
номер рейса 航班号
номер места 座位号
нож 刀具
ножи/щипцы 刀子/指甲刀
надежность 稳定性
надевать 穿上，戴上，套上
наземные службы 地勤服务
наклониться/наклоняться 俯身
наклонитесь вперёд 请身体前倾
накладная 运单
необходимая помощь 必要的帮助
нехватка 不足、缺失
на что жалуется больной 病人哪儿不舒服?
нечётный поезд 上行列车
нечётное направление 上行，上行方向

О

обратный билет 返程票
отправить что багажом 行李托运
остановка 停车站
отапливать 加热

объём данных 数据容量
отопление 供暖
отправка груза 货物发送
обеспечивать[动词，接四格] 提供
однопутная железная дорога 单线铁路
обслуживание 服务
опоздать на поезд 错过火车
обратный билет 回程车票
отправля́ться/отправиться 开动，开出
онлайн 在线，线上
открыть/открывать 打开
откройте приложение 打开应用程序
онлайн-оплата 在线支付
офо́рмить/оформлять 办手续，完成手续
объём 数量、规模、批量
отправить/отправлять 寄
отправитель 寄件人
оператор 业务员
ожидание 等候
одна поездка 单程
оплатить/оплачивать 支付
оборудование 设备
общественный туалет 公共厕所
очередь 队
отправление 出发
отменить бронирование 取消预订
оплатить перевес 付行李超重费
ограничение по весу 重量限制
онлайн-регистрация 在线值机
опасные грузы 危险物品
отметка 标记
обыскать/обыскивать 搜身
ограничение 限制
объем перевозок 运输量
объем 体积
обычная почта 普通邮件
отправлять/отправить 发出、发送
оплачивать/оплатить 支付、付款
ответственность 责任
оригинальный 原始的、原创的
оригинальный комплект транспортных накладных 提单原件
оригинал страхового полиса 保单原件
оригинал коммерческого инвойса 商业发票原件
отсек 隔舱，隔间 отмениться 取消
отель 酒店
оказать содействие 提供帮助
общая протяженность пути 整个运程
опаздывать 迟到，耽误，误期
отмениться 停止；取消；废除
оставаться 留下，停留，依然是，仍旧是，保存下来，还是
отправить посылку 邮寄包裹
обе стороны 双方
отдел службы 服务部

П

продажа билетов 票务
промежуточная станция 区间站
платформа 月台
перрон 站台，月台
пассажирский билет 客票
пассажир 乘客
подземный переход к платформе 月台隧（地）道
пешеходный мост （月台上的）天桥
полный，заполнен 满员
превышение допустимого количества людей 超员
перронный билет 站台票
плацкартный билет 卧铺票（硬卧）
проверять билет；проверка билетов 检票；查票
проводник 列车员
пересадка 换乘
плацкарт 硬卧
прибытие 到达

перевозить[动词] 运输
поездная бригада 火车乘务员
предохранительный механизм 安全机制
поезд отправляется 发出列车
проверка безопасности 安全检查
перерыв 中断
поддон 托盘
перевозка пассажиров 客运
пожарная сигнализация 烟雾报警器
прожарочная печь 烤箱
пассажирский мост 旅客桥
прибывающий поезд 进站列车
переключатель 开关
платформа，на которую прибывает поезд
列车进站线
пневматический тормоз 气刹
поездка[名词] 旅行
проход 通道
пробег 里程
провожать[动词，接四格] 送行
подвижной состав 机车车辆
подача топлива 燃料供应
прицепной вагон 拖车
поезд дальнего следования 长途火车
пригородный поезд 城际火车
приёмная 贵宾室
пересаживаться на другой поезд
换乘到另一趟火车
пассажиропоток 客流量
проводник 列车员
проводник 押运员
почтальон 邮政员
перронный билет 站台票
по графику 正点运行
порожный вагон 空车
принимать поезд 接车
пересадка 换乘
первый класс 一等
платформа 站台
прибыть/прибывать 来到，到达，抵达
приложение 软件，附件
привязать/привязывать 绑定
платежный сервис 支付服务
поменять билет (на другое время)
改签(车、船票)
поменять билет на завтра 改签到明天
подземный переход 地下通道
платежная страница 支付页面
последний поезд 最后一趟火车
подземный тоннель 地下隧道
подземный переход 地下通道
пешеходный переход 人行横道
парковка 停车场
персонал 工作人员
посадка 上车
поместить/помещать 放在
поместить свой багаж 放行李放
пересесть 转乘
пересадка 换乘，转站
переход на станцию 转乘
приёмная 接待处、前台
производить 产生，制造
предоплата 预付款
перевозка 运输
при перевозке 在运输过程中
получатель 收货人
партия 批
повреждать/повредить 受损
проверить заказ 检查订单
прибыть 运到
пошлина 关税
погружать/разгружать 装货/卸货
проверка билетов 检票
первый ряд 第一排
получить кипяток 取热水
пассажир 乘客
пожаловаться/жаловаться 抱怨
проверить/проверять 检查
передать/передавать 转播
по радио 通过广播

потерять/терять[完] 丢失，遗失，失去，损失，耽误
проездной 车票
проездной на месяц 月票
пересесть/пересаживаться 换乘
продавать/продать 卖，出售
пройдите на досмотр 请通过安检
проверка 检查
проверка безопасности 安检
пронести/проносить 携带
прямо 一直
поворот 转弯
первый поворот 第一个转角
подземный переход 道地下通
прямой маршрут 直达线路
прислониться/прислоняться 靠近
не прислоняйтесь к двери вагона!
不要倚靠在车厢门上
пожилые люди 老人
при выходе 当出来时
поручень 扶手，栏杆
полоса скоростного режима 快速通道
правая полоса безопасности 右侧安全通道
позвонить/звонить 打电话
позвонить120 拨打 120
первая помощь 急救
первый класс 头等舱
посадка/приземление 着陆
подтверждать/подтвердить
确认，证实，证明
подтвердить заказ билета по телефону
确认电话订票
подтвердить полёт 确认航班
платить 支付
путешествовать 旅行
поменять билет 改签
пополнить/пополнять 补交
прямой рейс 直航
перегрузить/перегружать 超重
превысить/превышать 超出
плата за превышение 超额费用
платить/заплатить 支付
посадочный талон 登机牌
помешать/мешать 影响
паспорт 护照
пассажиры стыковочного рейса 转机乘客
пересесть на другое место 更换座位
приземляться /приземлиться 降落/着陆
пункт назначения 目的地
проверка багажа 行李检查
проверка безопасности 安全检查
портфель 文件包
по закону 根据法律
персонал службы безопасности 保安人员
пункт досмотра 安检通道
поднимать/поднять 举起
повернуться /поворачиваться 转身
поднимите руки вверх и повернитесь
请举起双手，转下身
посадочный талон 登机牌
пассажирские авиаперевозки 航空客运
предлагать/предложить 建议、提议
посылка 包裹
предоставлять/предоставить 提供
присланный 邮寄的
предъявить 出示
перевозчик 承运人
погрузка 装载
претензия 索赔；诉求、投诉、抱怨
правила безопасности 安全规则
пристёгивать/пристегнуть
系上，扣上（纽扣、安全带）
пристегните ремень 请系好安全带
пересадить 使换坐位，使挪坐到；使改乘，使换乘
потянуть 拉（拽、扯、抻）紧；伸手拉
посадка （飞机）降落
поза 姿势，位置
помощь 救助，援助，帮助，支援
поток 水流，气流，人流，流量

пожар 火灾
прижать/прижимать 按压
предосторожность 预防
принять меры 采取措施
причина 原因，缘故；理由，根据
передний 前边的，前面的，前部的；正面的
предосторожность[名词] 预防，防备，预防办法
проход 过道，走廊
планшет 平板电脑

Р

разовый билет 单程票
ручной багаж 随身行李
ручная кладь 小件行李
разблокировка вручную 人工解锁
рамка металлодетектора 安全门
розетка，разъём 插座
расписание движения поездов 发（到）车时刻表
РЖД 俄罗斯国家铁路
рельс 轨道
рельсовый стык 钢轨接头
ремонт 检修，维修
ремонтная бригада 检修组
ремонт поезда 列车检修，维修
расписание 时刻表
регистрация 注册，登记
регистрация завершена 注册完成
распродать/распродавать 卖完
ряд 排，列，系列
рюкзак 背包，背囊
решить/решать 解决
ручной чемодан 手提箱
радиальная линия 直线，径向线
разные стороны 不同的方向
Разрядиться 手机没电
рейсы 航班
рентгеновский аппарат X光机
рейс с пересадкой 转机航班
расписание самолётов 航班时刻表
регистрация на рейс 值机
ручная кладь 手提箱
радиоактивные вещества 放射性物品
расстегнуть/расстёгивать 解开
ремень 传送带
размер 尺寸
разгрузка 卸载
рекомендуемый 推荐的，建议的，提倡的
ремень безопасности 安全带
расстёгивать/расстегнуть 解开、松开、敞开（扣子、安全带）
разместить 分别安置到；布置好，陈列好
ремень безопасности 安全带
расчётное время взлёта 预计起飞时间
распространяться 拓展蔓延
расчётный 计算的，估算的，预计的
рентгеновский аппарат X光机

С

станция 车站
справочное бюро 问询处；服务台
сервисный центр 服务中心
станция отправления 起点站
санитарное оборудование 卫生设备
страховой полис 保险单
станция назначения 终点站
спальное место в плацкарте 卧铺票
сдать что в багаж 行李托运
стрелочный пост 扳道房
сотрудник по приёму и передаче 交接员
сортировочный парк 调车场，编组场
сигнальщик 信号员
сигнальная будка 信号房（室）
скорый поезд 动车
сдача билета 退票

следующая остановка 下一站
средняя полка 中铺
сцепка 耦合
садиться (на поезд) 上车（在火车上）
свет 光
светлый 光明的
скорость поезда 列车速度
составление расписания 调度
стрелка 道岔
стрелочный перевод 道岔开关
система энергоснабжения 供电系统
средство транспорта 交通工具
студия 广播室
справочное бюро 问询处
секретарь 书记，秘书
составитель 调车员
сорвать график 晚点运行
спецпоезд 专列
студия 播音室
спальный вагон 软卧车厢
скачать/скачивать 下载
скидка 折扣
ссылка 链接
сдать билет/возврат билета 退票
следующая остановка 下一站
следующий поезд 下一趟火车
справочное бюро 问询处
следующая станция 下一站
страховка 保险
срок 期限
сколько дней занимает 占据多久时间
спросить/спрашивать 询问
сборные грузы 零担货物
стоимость 费用
сидеть 坐
справочное бюро 问讯处，咨询台
сообщение заказа 订单信息
сообщать/сообщить 通知
справочная 信息台
станция 站
срок действия 有效期
садиться/сесть 乘坐
станционное помещение 车站大厅
сделать пересадку 换乘
способ оплаты 支付方式
сканирование 扫描
сканирование QR-кода 扫描二维码
сохранить/сохранять 保管
схема метро 地铁线路图
спуститься/спускаться 下去
спуститься вниз 往下
станция отправления 出发站
станция назначения 到达站
сотрудничество 合作
спасибо за сотрудничество 谢谢配合
спешить 急忙
с сумками 带包
сердце болит 心脏疼
стоимость проезда 车费
списана 报销
сотрудник 同事
скорость поезда 车辆速度
самолет 飞机
стыковочный рейс 联程航班，衔接航班
статус рейса 航班状况
справочная служба аэропорта 机场问询台
сдать билет 退票
с пересадкой 转乘
стойка регистрации 值机柜台
стойка 柜台
собственность/имущество 所有物，财产
сроки доставки 运送周期
стандартное транзитное время 标准运输时间
страховка 保险
сборные перевозки 零担运输
сборный груз 零担货物
сообщать 通知
срок доставки 交付时间
срок хранения 储存期

стюардесса 空姐
спинка кресла 座椅靠背
спасибо за сотрудничество. 谢谢合作
снижения давления 压力
салон 机舱
сиденье 座椅；座位；座；
свалиться /сваливаться 掉落
спасательный жилет 救生衣
столик 小桌板
схема 方案图
спальный вагон 卧铺车厢
совершить посадку 完成降落
сообщить о чём 通知；报告，报道；通报，宣布
спинка 后背，背部，后片，靠背
ситуация 形势，局势，情况，情势
снижение 下降，降低，减低，引下线，减少
сохранять 保存；保全；保护，储存
сверху 从高处，从上面
спасательный жилет 救生衣
служба спасения 救援服务
содействие 协助
суша 陆地
спасательные службы 救援
спасательный жилет 救生衣
сохранять спокойствие 保持冷静
салон 客舱，沙龙，接待室
ситуация 形势，局势，情况，情势
скачать и установить App 12306 下载并安装 App 12306
страховая компания 保险公司
спинка сидения 座椅靠背
служебное помещение 办公室
сесть в самолет/посадка 登机
следите за тем，чтобы ваша одежда и обувь не попали в механизм эскалатора 注意脚下安全

Т

тяговый участок 机务段
туннель под перроном 月台隧道
товарный поезд 货运列车
тормоз 刹车
тормозить 刹车
транспортировать 运输
транспортная полиция 乘警
транспорт 交通运输
топливо 燃料
тянуть 拉
тащить 拖
тяжёлый 重的
тяговый подвижной состав 牵引机车车辆
тоннель 隧道
туда и обратно 往返；来回
тоннель 隧道，涵洞
транспортное средство 交通工具
терминал 装卸站
таможня 海关
туалетная комната 盥洗室
тариф 运价
тяжелый 陈的
тесно[副] 拥挤，不宽敞，密切
турникет 闸机
туалет 厕所
туалетная комната 卫生间
турист 游客
технический ремонт 技术检修
толпиться 拥挤
транзит 过境，中转
терминал 航站楼，候机楼
терминал 终端机、终端设备
транзитные пассажиры 过境乘客
тележка 手推车
таможня 海关
транспортная единица 运输单位
тип упаковки 包装类型
тариф 资费

транзитная декларация 过境申报
таможенное оформление 通关
таможенная очистка (растаможка) 清关
текстиль 纺织品
трап 梯子
товарная накладная 货物清单
транзитный 经过的，过境的
транспортная накладная 提货单
турбулентность 颠簸
турбулентность 大气中的乱流，涡流
третьего класса 三等舱

У

узловая станция 枢纽站
участковая станция 区间站
участковый поезд 区间列车
устройство 设备
уклон 坡度
устройство 设备
укладывать железнодорожный путь 铺设铁路轨道
успеть на поезд 赶上火车
управление 指挥，调度
установить/устанавливать 安装
услуги 服务
упаковка 包装
упаковочные материалы 包装材料
ускорить отправку 加速装运
указатель 标示，指示牌
уборная 洗手间，更衣室
уступить/уступать 让
упасть 跌倒
упасть в обморок 晕倒!
улететь/улетать 起飞
удостоверение личности 身份证
утренний рейс 早上的航班
условие контракта 合同条款
уложить/укладывать 收好
упакованный 收拾好的

Ф

функция 功能
фундамент 基础
физический досмотр 人身检查
фара 头灯
функциональность 实用性
фрахт 运费
форс-мажор 不可抗力
физическое лицо 私人

Х

ход 运转
хранение 保存，保管
хранилище 仓库
хвост 机尾
хвостовая часть 尾部

Ц

цистерна 油罐车
цвет 颜色
цель 目的，目标
целый[形容词] 整体的
цена 价格
цена за единицу товара 单价
центр 中心
центр стрелочного перевода 道岔中心
центр станции 车站中心
цех электропитания 供电车间
цех 车间
цифровой сигнал 数字信号
цифровой[形容词] 数字的
центр обслуживания клиентов 客服中心
центральный подлокотник 中央扶手

Ч

час 小时
частный[形容词] 部分的，私立的
чертёж 图纸
численность железнодорожников 铁路工作人员数量
чрезвычайная ситуация 紧急情况
член команды экипажа 机组成员
чемодан 行李箱
частное лицо 个人
чек 票据
чек за сбор 收费的收据
число 日期
Что случилось? 发生了什么？
часть товара 部分货物

Ш

шпала 枕木
шум 噪声
шведский стол 自助餐
широкий[形容词] 宽阔的，广阔的
широкая колея 宽轨
шлагбаум 道口栏木
штепсель 插头
штраф 罚款，处罚，罚金
шторы на окнах 遮光板
шасси 起落架

Э

эскалатор 自动电梯
электротележка для грузчиков （搬运工人使用的电动）月台车
Экспресс 特快列车
электровоз 电力机车
эксплуатация 运营
энергоснабжение 供电，电源
эвакуационный выход 疏散出口
экипаж моторвагонного поезда 动车组乘务组
эксперт 专家
эксплуатационный рельс 运行轨道
эксплуатационный срок 运行期间
электрический[形容词] 电气，电气的
электрический локомотив 电气化机车
электрификация 电气化
электричество 电气
электронная почта 电子邮箱
электронная счёт-фактура 电子发票
экспорт 出口
экран информации 信息显示屏
эконом- класс 经济舱
электронные устройства 电子设备
электронный билет 电子票
электроника 电子产品
экспортная декларация 出口申报
экспортер 出口商
электронный 电子的
электронные устройства 电子产品
экипаж 机组，机组人员
электронная сигарета 电子烟
экспресс-груз 快运货物

Ю

юридическое лицо 法人

附录二　学习评估（оценка обучения）

学习评估表

学生姓名：　　　　班级：　　　　学号：

评价内容	自我评价	小组评价	教师评价
语言知识	自我总结	评价建议	评价总结
情景演练	自我总结	评价建议	评价总结
小组顶岗实习演练	自我总结	评价建议	评价总结
自我综合评价及反思：			

参考文献

[1] Амелина, Е.В. Русский язык в таблицах и схемах [M]. Рн/Д: Феникс, 2016.
[2] Антонова Е.С., Воителева Т. М. Русский язык и культура речи: Учебник [M]. М.: Издательский центр «Академия», 2017.
[3] Баландина, Л.А. Русский язык и культура речи: Учебное пособие для аудиторной и самостоятельной работы студентов-нефилологов высших учебных заведений [M]. М.: Изд. Моск. ун-та, 2016.
[4] Баландина, Л.А. Русский язык и культура речи: Практикум для аудиторной и самостоятельной работы студентов-нефилологов высших учебных заведений[M]. М.: Изд. Моск. ун-та, 2017.
[5] Балуш,Т.В. Русский язык в таблицах: Пособие для подготовки к централизованному тестированию и экзамену[M]. Мн.: ТетраСистемс, 2018.
[6] Ващенко, Е.Д. Русский язык и культура речи: Учебное пособие[M]. Рн/Д: Феникс, 2018.
[7] Введенская Л. А., Черкасова М. Н. Русский язык и культура речи. Учебное пособие[M]. М.: Феникс. 2020.
[8] Голуб И. Б. Русский язык и культура речи: Учебное пособие[M]. М.: Логос, 2002.
[9] Панфилова А. П., Долматов А. В. Культура речи и деловое общение. В 2 частях. Часть 2. Учебник и практикум для академического бакалавриата[M]. М.: Юрайт. 2017.
[10] Самсонов Н. Б. Русский язык и культура речи. Учебник и практикум для СПО[M]. М.: Юрайт. 2019.
[11] 陈国亭，韩爱国. 俄语初级实践语法[M]. 北京：北京外语教学与研究出版社，2007.
[12] 丁曙. 义务教育教科书俄语八年级全一册[M]. 北京：北京人民教育出版社，2013.
[13] 丁曙. 义务教育教科书俄语九年级全一册[M]. 北京：北京人民教育出版社，2014.
[14] 李葵. 俄语听力强化教程[M].北京：北京外语教学与研究出版社，2011.
[15] 李英男，Литвинова Н.Д. 普通高中课程标准实验教科书俄语必修 3[M]. 北京：北京人民教育出版社，2007.
[16] 李英男，Литвинова Н.Д. 普通高中课程标准实验教科书俄语必修 4[M]. 北京：北京人民教育出版社，2007.
[17] 李英男，Литвинова Н.Д. 普通高中课程标准实验教科书俄语必修 5[M]. 北京：北京人民教育出版社，2007.
[18] 史铁强，黄玫. 东方大学俄语（新版）学生用书 3[M]. 北京：北京外语教学与研究出版社，2009.
[19] 史铁强，张朝意. 东方大学俄语（新版）学生用书 4[M]. 北京：北京外语教学与研究出版社，2011.